Unser Hund -
Der Chihuahua

Margaret Greening

KYNOS VERLAG

Fotos: Margaret Greening (Hamaja), Pat Cullen (Culcia), Brenda Hayes (Ardenvale), Diana Grant (Elmington), Shirley Orme (Ormeslet), Sylvia Fresson (Teocali), Carol Davies (Dachida's).

Titel der englischen Originalausgabe: Living with a Chihuahua

Dr. Dieter Fleig GmbH • 54552 Nerdlen / Daun
Telefon: 06592 957389-0 • Telefax: 06592 957389-20 • www.kynos-verlag.de

3. Auflage 2008

Aus dem Englischen übertragen von Elke Peper
Gesamtherstellung: Printworks Int. Ltd

ISBN 978-3-933228-91-8

seien leichter zu halten und anhänglicher als Rüden. Irrtum! Viele Chihuahua-Rüden schließen sich ihren Besitzern sogar enger an, insbesondere den Frauen. Sie genießen Zuwendung, ohne ihr Selbstbewusstsein und ihre Selbstständigkeit zu verlieren. Dagegen gilt für Chihuahua-Hündinnen: Jede ist anders. Alle sind Chihuahua-typisch lebhaft, liebevoll und neugierig, dies äußerst sich aber durchaus unterschiedlich: Einige lieben jeden Menschen, andere sind auf eine Person fixiert, wieder andere bevorzugen Männer. Im Allgemeinen neigen Chihuahua-Hündinnen zu einer größeren Unabhängigkeit als Rüden.

Wie dem auch sei: Jeder Chihuahua aus einer sorgfältigen Aufzucht ist ein treuer Begleiter.

Entscheiden Sie sich für eine Hündin, müssen Sie sich damit abfinden, dass sie später in der Regel alle 6 bis 9 Monate läufig wird. Während dieser Zeit muss sie von Rüden ferngehalten werden, wollen Sie nicht ungewollten Kindersegen riskieren. Viele Besitzer, vor allem in Amerika, lassen ihre Hündin kastrieren, um das Problem ein für alle Mal vom Tisch zu haben.

Einer oder mehrere?

Es lohnt, zu überlegen, ob man mehrere Welpen anschafft, die sich untereinander Gesellschaft leisten. Bei größeren Rassen ist es wenig ratsam, zwei Hunde aus dem selben Wurf zu nehmen – es ist selten möglich, jedem die gleiche Aufmerksamkeit zu schenken. Chihuahuas haben damit kaum Probleme: sie sind selbstsicher und holen sich ohne Schwierigkeit die Zuwendung, die sie brauchen. Sie genießen die Nähe ihrer Artgenossen und sind trotzdem voll auf ihre Menschen geprägt.

Zwei Rüden kommen in der Regel am besten miteinander aus. Chihuahuas sind richtige Meutehunde, und Auseinandersetzungen untereinander sind selten und meist nicht heftig.

Das Haar

Chihuahuas gibt es, wie schon erwähnt, in zwei Haararten: Kurzhaar und Langhaar.

Langhaarchihuahuas sind oft bei den Besitzern reiner Familienhunde beliebter, aber man darf nicht übersehen, dass ihre Pflege aufwändiger ist. Die Befederungen um die Ohren und an der Rute verfilzen und verknoten, werden sie nicht täglich gekämmt. Kurzes Haar ist verständlicherweise leichter zu pflegen und sieht auch mit weniger regelmäßigem Aufwand stets gut aus. Viele Züchter sind auf eine bestimmte Haarart spezialisiert, das sollten Sie bedenken, bevor Sie sich für einen bestimmten entschei-

Die Haarart der Welpen ist im Alter von fünf Wochen sicher zu erkennen.

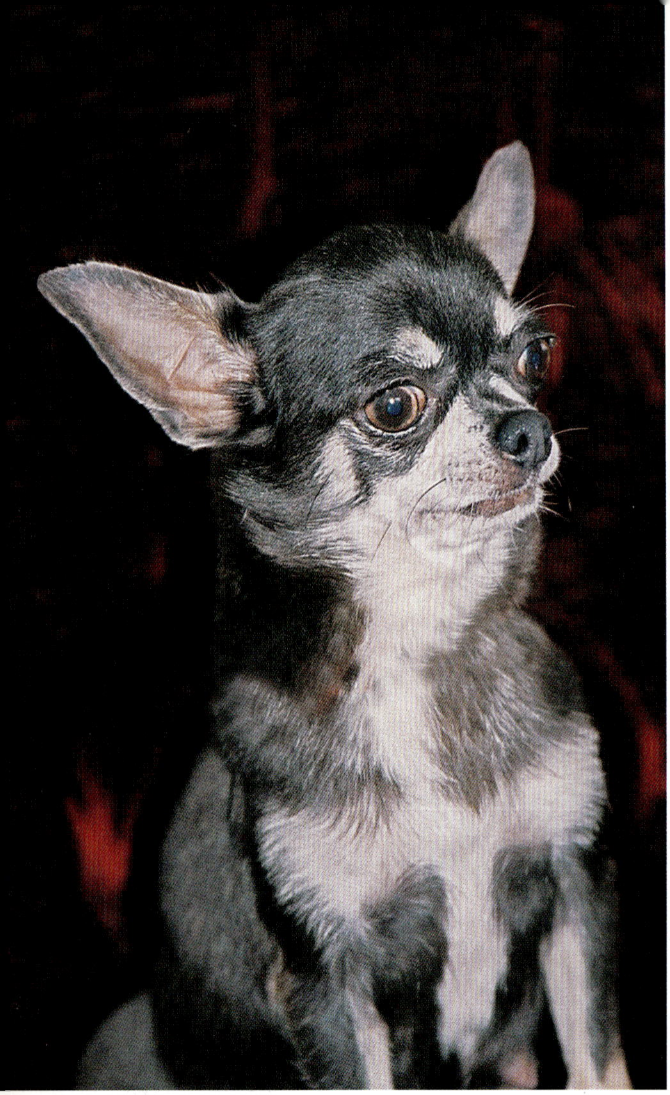

Ein blauer Chihuahua ist nur schwer zu finden.

den. Seit vielen Jahren werden Lang- und Kurzhaarchihuahuas nicht mehr miteinander gekreuzt; dennoch kommen gelegentlich langhaarige Welpen in Würfen aus Kurzhaar-Eltern vor. Die Haarart ist übrigens erst ab dem Welpenalter von fünf Wochen sicher zu erkennen!

Die Farbe

Einer der Vorzüge des Chihuahuas ist, dass er jede Farbe haben kann. Bei einem Familienhund ist die Wahl der Farbe sicher eine reine Geschmacksfrage, obwohl manche Farben, wie z.B. Blau, sehr selten sind. Im Ausstellungsring sieht man überwiegend creme- und falbfarbene sowie schwarze Hunde, obwohl auch ein schwarz-lohfarbener Chihuahua äußerst attraktiv aussehen kann. Man sagt, dass mehrfarbige Chihuahuas in amerikanischen Ringen eher erfolgreich sind als in englischen.

Der künftige Ausstellungshund

Planen Sie eine Ausstellungskarriere für Ihren Chihuahua? Dann müssen Sie nach einem Welpen Ausschau halten, der in dieser Hinsicht zumindest einiges verspricht. Ein seriöser Züchter gibt Ihnen sicher Hilfestellung bei der Auswahl, oder bitten Sie einen unabhängigen Fachmann darum, sich den Wurf einmal unter diesem Aspekt anzusehen. (siehe S. 107; Vom Welpen zum Champion).

Die Größe

Der Rassestandard, die Beschreibung des idealen Chihuahuas, nennt ein zulässiges Körpergewicht zwischen 500 g und 3 kg. An dieser Stelle muss deutlich gesagt werden, dass Chihuahuas im unteren Gewichtsbereich stärker zu gesundheitlichen Problemen neigen: Sie sind anfälliger, haben eine geringere Lebenserwartung und vermehrt Herzbeschwerden. Deshalb sind die besonders winzigen Exemplare heute auch kaum mehr auf Ausstellungen zu sehen; und konsequenterweise ist die Zucht mit Hunden, die weniger als 2 kg wiegen, in Deutschland nach der strengen Zuchtordnung des VDH verboten. Suchen Sie sich als Chihuahua-Neuling keinesfalls den kleinsten Welpen eines Wurfes aus –

seine Haltung ist besonders anspruchsvoll. Dies gilt auch, wenn Sie später mit Ihrer Hündin züchten wollen, sonst sind Geburtsprobleme vorprogrammiert (siehe Kapitel 7; Das Idealbild).

Ein älterer Hund?

Auch wenn Ihre Lebensumstände nicht für die Aufzucht eines Welpen geeignet sind, müssen Sie auf Ihren Chihuahua nicht unbedingt verzichten. Wie wäre es mit einem älteren Hund?

Manche Züchter behalten mehrere Welpen eines Wurfes, um ihre Entwicklung zu beobachten. Entpuppt sich ein Hund als für die Ausstellung weniger geeignet, muss ein gutes Zuhause für ihn gefunden werden. Oder ein ehemaliger Ausstellungshund sucht einen Platz in der Familie.

Mit einem älteren Hund müssen Sie zumindest anfangs manchmal besonders geduldig und rücksichtsvoll umgehen, da er meist etwas länger braucht, um sich einzugewöhnen (siehe hierzu auch Kapitel 5).

Die Besichtigung des Wurfes

Ein verantwortungsbewusster Züchter lädt die zukünftigen Besitzer seiner Welpen spätestens, wenn diese fünf Wochen alt sind, zu einem unverbindlichen Besuch ein. In dem Alter laufen die Welpen herum und man sieht, wie sie sich bewegen und untereinander verhalten.

Wegen der geringen Größe der Chihuahuas sind die Würfe meist klein, sie haben durchschnittlich zwei oder drei Welpen. Ausnahmen von sechs Welpen sind extrem selten.

Bei der Besichtigung des Wurfes sollten Sie auf Folgendes achten:

- Die Umgebung des Wurfes sollte sauber und geruchsfrei sein, Exkremente müssen entfernt sein, es sollten keine Futterreste herumstehen.
- Die Welpen sollten gut genährt, aber keinesfalls fett sein.
- Das Haar muss sauber und frei von Hautschuppen sein.
- Die Augen sollten klar und ohne Spur von Absonderungen sein.
- Die Ohren sollten sauber sein und nicht unangenehm riechen. Sie müssen in diesem Alter noch nicht stehen – im Alter von acht Wochen sollte aber schon erkennbar sein, dass die Ohrhaltung korrekt sein wird (siehe S. 38, Das Umzahnen).
- Die Afterregion des Welpen sollte sauber sein. Verklebungen könnten auf eine Durchfallerkrankung hinweisen.

Ganz wichtig ist, die Mutter mit ihren Wel-

Die Mutterhündin sollte ihre Welpen freudig und stolz präsentieren.

Die Welpen sollten einen lebhaften, neugierigen Eindruck machen.

pen zu beobachten, da dies Aufschlüsse über das zu erwartende Temperament geben kann. Die Hündin muss nicht in bester Kondition sein, da sie schließlich ihre Welpen aufgezogen hat. Eine Langhaarhündin verliert in der Regel ihr Haar nach einem Wurf, seien Sie darauf vorbereitet, dass sie etwas kahl aussehen kann. Gleiches geschieht bei der Kurzhaarhündin, nur fällt es nicht so auf! Jede Hündin sollte aber fit und gesund wirken und gern ihre Welpen präsentieren.

In den meisten Fällen wird man den Vater des Wurfes nicht gleichzeitig besichtigen können, da er bei einem anderen Züchter steht. Fragen Sie aber nach einem Foto! Vielleicht können Sie andere ausgewachsene Tiere sehen, die mit den Welpen verwandt sind. Auch dies kann darauf hinweisen, was Sie bezüglich Erscheinungsbild und Temperament zu erwarten haben.

Auf jeden Fall sollten sowohl die älteren Hunde als auch die Welpen so aufmerksam und neugierig sein, wie es für die Rasse typisch ist. Manche Welpen begrüßen freudig jeden Fremden, andere sind im ersten Moment etwas zurückhaltend. Alle sollten aber, sobald erste Kontakte geknüpft wurden, zutraulich und angstfrei auf Besucher zugehen.

Die Fontanelle

Die nicht ganz geschlossene Fontanelle ist ein Merkmal, das man bei vielen Chihuahuas findet. Man fühlt sie als weiche Stelle auf dem Kopf des Hundes. Bei anderen Rassen – übrigens auch bei Babys – schließt sich diese Lücke kurz nach der Geburt. Bei manchen Chihuahuas dauert dies viel länger, bei manchen schließt sie sich nie ganz. Als Faustregel gilt, dass über die Hälfte

Der Züchter ist Ihnen bei der Auswahl eines Welpen behilflich, der genau in Ihr Leben passt.

DIE HERAUSFORDERUNG

Bei der Chihuahua-Züchterin Lynn Hunter aus Lubbock in Texas leben seit Jahren Chihuahuas und Deutsche Schäferhunde einträchtig miteinander. Das Geheimnis ihres Erfolgs nennt sie selbst:

Die Deutschen Schäferhunde Cinder und Delilah ruhen sich mit Mariah (»Spice's Wind 'N' Fire«) aus.

»Ich züchte Chihuahuas und hatte 15, als meine beiden Schäferhunde in meine Familie kamen; insofern war von vornherein klar, dass sie lernen mussten, miteinander auszukommen. Die erste war Cinder, eine wunderschöne langhaarige Schäferhündin, im Alter von 14 Wochen. Leider musste ich Cinder später abgeben, weil ich auf ihr Haar allergisch reagierte, aber bevor sie uns verließ, hatte sie mit allen Chis dicke Freundschaft geschlossen. Ein Jahr später gesellte sich Delilah zu uns. Ihr Verhalten war schwieriger in die richtigen Bahnen zu lenken, aber mit viel Geduld wurde auch sie schließlich ihren kleinen Artgenossen eine gute Freundin.

Anfangs hielt ich die Schäferhunde von den Chihuahuas getrennt, sie sollten sich erst in ihrer neuen Umgebung eingewöhnen. Ich wollte sichergehen, dass ihre Begegnung mit den Chis nicht zu Verhaltensproblemen führte, deshalb wartete ich, bis sie schon ans Haus gewöhnt und gut sozialisiert waren und zudem schon die Grundzüge des Gehorsamstrainings beherrschten.

Kontrolle ist besser!

Schäferhunde sind ziemlich groß und können den kleinen Chihuahuas leicht ernsthafte Verletzungen zufügen, wenn sie durch irgendetwas erschreckt überreagieren. Indem ich abwartete, bis die Schäferhunde älter, selbstsicherer und disziplinierter waren, konnte ich auch die Momente des ersten Zusammentreffens besser unter Kontrolle behalten. Ich begann mit meinen 5 bis 16 Wochen alten Chihuahua-Welpen.

Einerseits war dies von unschätzbarem Wert für die Entwicklung der Welpen: Sie wurden zum frühestmöglichen Zeitpunkt an große Hunde gewöhnt, und dies förderte ihr Selbstvertrauen und ihre Anpassungsfähigkeit enorm. Junge Welpen sind für neue Erfahrungen sehr aufgeschlossen und deshalb wenig ängstlich. Auf der anderen Seite war es für die Schäferhunde viel einfacher, junge Chihuahuas zu akzeptieren, die überhaupt nicht ängstlich waren und deshalb keinerlei Abwehrverhalten an den Tag legten.

Als die Schäferhunde sich sicher an die jungen Chihuahuas gewöhnt hatten, brachte ich sie auch mit den erwachsenen zusammen. Chihuahuas können manchmal ziemlich aggressiv sein, fast wie Terrier, und ich wollte sichergehen, dass die Schäferhunde von vornherein hiermit umgehen konnten. Als es schließlich soweit war, ging alles glatt!

Es gab nur wenige Situationen, in denen Probleme auftauchten, so zum Beispiel, als Delilah zum ersten Mal läufig wurde. Einer meiner Chihuahua-Rüden schloss sie in sein Herz, und sie fasste seine Annäherungsversuche als Aufforderung zum Spiel auf. Ohne permanente Überwachung hätte es nur zu leicht zu einem unerwünschten Deckakt kommen oder in der Übererregung in Aggression umschlagen können. Es dauerte fast ein Jahr, bis ich dies im Griff hatte.

Umgekehrtes passierte mit meinem Dobermann-Rüden: Wenn seine geliebten Chihuahua-Damen läufig waren, entwickelte er Aggressionen den anderen Rüden gegenüber. Nur durch viel Training und intensive Beobachtung wurde ich auch hiermit fertig. Jedem, der mehrere Rassen zusammen hält und nicht züchten möchte, kann ich nur raten, seine Hunde kastrieren oder sterilisieren zu lassen, damit solche Probleme gar nicht erst entstehen. Leider war dies in meinem Fall nicht möglich.

Keine Rasse ist wie die andere. Grundsätzlich sollte man sich gut überlegen, welche zweite Rasse man sich ins Haus holt, wenn man schon einen Chihuahua besitzt. Nach meiner Erfahrung gibt es keine Probleme mit Deutschen Schäferhunden, und auch mein Dobermann war unkompliziert. Ich hatte aber auch einen Rhodesian Ridgeback, und er war viel schwieriger mit den Chis – vermutlich, weil die Rasse ursprünglich zur Löwenjagd gezüchtet worden ist. Chihuahuas sind so klein, dass sie bei Jagdhundrassen nur zu leicht den Beutetrieb wecken. Mit viel Training gelang es mir, auch das Zusammenleben meiner Chis mit dem Ridgeback in die richtigen Bahnen zu lenken.

Ich würde es aber niemandem zur Nachahmung empfehlen, der nicht fit ist in Hundeverhalten und im Umgang mit unerwünschten Verhaltensweisen.

Die Grundvoraussetzung für ein ungestörtes Zusammenleben zweier grundverschiedener Rassen ist die ständige Überwachung. Noch jetzt lasse ich nicht zu, dass Delilah wirklich ganz allein mit den Chihuahuas ist – ich bin immer in Sichtweite. Aber ein harmonisches Zusammenleben ist möglich, das beweisen Delilah und meine Chihuahua-Hündin Spice's Mocha Latte Te-ya, Te-ya gerufen: Te-ya kam zur Welt, als Delilah voll ausgewachsen war, und Delilah adoptierte sie sofort.

Sie sind seitdem unzertrennlich und weichen nicht von des anderen Seite. Nach meiner Überzeugung ist dies nur möglich, weil Delilah mit Verstand und Fingerspitzengefühl an die Chihuahuas gewöhnt wurde.«

Es ist kaum zu glauben, wie eng die Beziehung eines Chihuahuas zu einem anderen Hund sein kann. Delilah hat fast alle Chihuahuas, die Lynn gehören, sozusagen adoptiert.

Chihuahuas und Katzen

Wie gut ein Chihuahua mit der Hauskatze auskommt, hängt entscheidend vom Anfang der Beziehung ab. Chihuahua-Welpen sind deutlich kleiner als Katzen, und eine Katze, die sich bedroht fühlt, kann den Kleinen blitzschnell ernsthaft verletzen. Versuchen Sie folgendes:

- Halten Sie den Welpen auf dem Schoß und ermuntern Sie die Katze, das neue Lebewesen genauer in Augenschein zu nehmen. Alternativ können Sie den Welpen in seiner Box auf den Boden stellen und die Katze daran schnüffeln lassen. Sinn des Ganzen ist, der Katze Gelegenheit zum Kennenlernen zu geben, ohne dass sie sich bedroht fühlt.
- Zwingen Sie die Katze nicht dazu, sich dem Welpen zu nähern, aber ermuntern Sie sie, wenn sie freiwillig kommt.

WER IST DER CHEF?

Für Saffy, den falbfarbenen Kurzhaarchihuahua, war diese Frage vom ersten Moment an entschieden.

Ilona, die 12-jährige Tochter von Alison Gunson, wünschte sich nichts sehnlicher als einen Chihuahua, und nach zwei Jahren Überzeugungsarbeit hatte sie ihr Ziel erreicht.

Saffy kam in die Familie, zu der Katzen, Bulldogs, Magyar Viszlas und Pferde gehörten.

Alison erzählt:

»Saffy lebte sich sofort problemlos bei uns ein. Sie hat eine Riesenpersönlichkeit! Sie verkraftete alles mühelos.

Bei Saffys Einzug als Welpe hatten wir nur eine Katze, Granny.

Granny ist an Hunde gewöhnt, deshalb konnte der winzige Welpe sie nicht aus der Ruhe bringen. Weil sie nicht wegrannte, hatte Saffy kaum Interesse an ihr.

Ganz anders war es, als sich Zorro, ein schwarz-weißes Kätzchen, zu uns gesellte.

Saffy war fasziniert! Sie konnte es kaum fassen, dass es etwas gab, das noch kleiner war als sie. Von Anfang an spielten Saffy und Zorro miteinander, und auch heute sind sie immer noch die besten Freunde – obwohl Zorro jetzt viermal so groß ist wie sie. Jeden Tag haben sie eine Spielstunde. Am liebsten spielen sie fangen – sie jagen einander wie wild durch den Steingarten. Wenn sie müde sind, rollen sie sich zusammen und schlafen aneinander gekuschelt.

Ein besonders schönes Erlebnis war, als Ilona sich vor dem Kaminfeuer hinlegte: Im Nu war sie von Saffy, Zorro, einer Bulldogge und einem Viszla umringt, die sich zum Schlafen an sie kuschelten.

Ilona reitet, deshalb muss Saffy auch mit großen – aus ihrer Perspektive riesigen! – Tieren zurechtkommen.

Saffy hat überhaupt keine Angst! Sie läuft begeistert neben den Pferden her, und manchmal haben wir etwas Angst, dass sie getreten werden könnte.

Sie ist eine echte Bereicherung für unsere Familie – sie ist der einzige Hund, den wir in den Arm nehmen und knuddeln können, und sie ist stets für uns da. Sie sieht mit mir fern, sie liegt unter dem Tisch, wenn mein Mann am Computer arbeitet. Und wenn Ilona ins Bett gehen will, steht sie schon auf der Treppe und kann es kaum erwarten, unter die Decke zu schlüpfen!«

- Wenn der Welpe die Katze anblickt, lenken Sie ihn irgendwie ab; loben Sie ihn, wenn er sein Interesse auf Sie richtet.
- Wiederholen Sie das Ganze mehrmals am Tag, bis der Reiz des Neuen für alle Beteiligten verflogen ist.
- Danach erlauben Sie das ungehinderte Aufeinandertreffen der beiden. Lenken Sie den Welpen wieder von der Katze ab, damit diese durch nichts geängstigt wird. Lassen Sie die Tür offen, damit sie sich nicht in der Falle fühlt! Loben Sie den Welpen, wenn sein Hauptinteresse Ihnen gilt, nicht der Katze.
- Wiederholen Sie diese Übung, bis Sie den Eindruck haben, dass sich die beiden gegenseitig akzeptieren.

Sicherheitshalber sollten die beiden während der ersten Wochen nur dann im selben Raum sein dürfen, wenn auch Sie anwesend sind. So lernen die Tiere einander kennen, ohne bei jedem Zusammentreffen in Stress zu geraten. Nach einiger Zeit haben sie gelernt, friedlich zusammenzuleben, und in den meisten Fällen werden sie sogar dicke Freunde.

Die Gewöhnung an die Box

Zweckmäßigerweise sollte Ihr Welpe frühzeitig lernen, gern in seine Box zu gehen. Vielleicht haben Sie ja das Glück, dass Ihr Züchter seine Welpen schon daran gewöhnt hat.

Machen Sie es ihm gemütlich!

- Machen Sie die Box so verlockend wie möglich. Legen Sie sie mit weichen Decken aus und legen Sie etwas Spielzeug hinein.
- Wenn die Box Ihnen zu groß für den winzigen Hund erscheint, stellen Sie einen kleinen Pappkarton als gemütlichen Schlafplatz hinein, dessen eine Seite Sie zum leichten Ein- und Ausstieg herausgeschnitten haben.
- Es dürfen sich keine Metallklammern daran befinden! Legen Sie ihn mit einer Decke aus.
- Machen Sie aus der Box eine Höhle – bedecken Sie sie mit einem Tuch oder einer Decke, aber achten Sie darauf, dass die Belüftung funktioniert. Ihr Welpe fühlt sich in dieser Umgebung sicher und geborgen.

Die Gewöhnung

Welpen lernen schnell; zeigen Sie Ihrem Kleinen, wie schön es in seiner Box ist, und sie wird über kurz oder lang zu seinem Lieblingsplatz.

- Lassen Sie anfangs die Boxentür offen und locken Sie ihn mit einem Leckerchen hinein.
- Ist er darin, streicheln Sie ihn sanft und loben und ermuntern ihn.
- Wiederholen Sie dies mehrmals nacheinander und dann erst wieder nach einer Stunde.
- Füttern Sie Ihren Chihuahua in seiner Box, damit er noch mehr Angenehmes mit ihr verbindet.
- Geht Ihr Welpe schließlich gern in seine Box, schließen Sie deren Tür und lassen ihn kurze Zeit darin. Bleiben Sie aber in der Nähe und beruhigen Sie ihn durch Zureden.
- Steigern Sie allmählich die Zeitspannen seines Aufenthaltes in der geschlossenen Box und lassen Sie ihn auch zeitweise allein.
- Machen Sie diese Übungen, wenn er ohnehin müde ist – er wird sich umso eher fügen.

Wenn ein Chihuahua an seine Box gewöhnt worden ist, sieht er sie als sein ureigenes Zuhause an.

Wenn Sie das Ganze in Ruhe angehen, lernt Ihr Chihuahua, allein zu bleiben, ohne Angst zu bekommen – eine Erfahrung, die ihm sein Leben lang zugute kommt (siehe Seite 61, Trennungsangst). Insofern ist es besonders wertvoll, ihn so früh wie möglich zu erziehen.

Vergessen Sie aber nie:

- Lassen Sie Ihren Chihuahua nie längere Zeit eingesperrt in seiner Box. Sie darf nur zum Einsatz kommen, wenn Sie kurz weg müssen oder auch den Welpen sicher untergebracht wissen wollen.
- Die Box darf keine Strafe sein! Der Welpe sollte die ruhige Zeit in seiner Höhle genießen – er darf keine Angst vor ihr haben.
- Wenn Sie ihm ein Spielzeug mit hineingeben, muss dieses absolut beißfest und sicher sein.

Stubenreinheit

Vermutlich ist dies der Aspekt der Welpenerziehung, der Ihnen am wichtigsten ist. Viele Neulinge unter den Hundebesitzern fürchten sich davor, dass es lange dauern könnte, bis ihr Welpe sauber ist – vor allem aus Unkenntnis. Befolgen Sie einige einfache Regeln, und Sie werden überrascht sein!

Überlegen Sie sich zunächst, an welcher Stelle Ihres Gartens sich der Welpe regelmäßig lösen soll. Dies hat zwei Vorteile:

- Der Welpe lernt, wo sein Löseplatz ist, und weiß später genau, warum er dorthin gebracht wird.
- Es ist nur ein kleiner Teil des Gartens, den Sie ständig sauberhalten müssen.

Unmittelbar nach der Ankunft des Welpen bringen Sie ihn zu seinem Löseplatz und sagen Sie so etwas wie »Mach einen Bach«. Es muss nur immer das gleiche Kommando sein. Wenn es funktioniert, loben Sie ihn überschwänglich!

Es gibt bestimmte Zeiten, zu denen Sie ihn grundsätzlich nach draußen bringen müssen:

- Nach den Mahlzeiten.
- Nach jedem Aufwachen.
- Nach jeder Spielstunde.

Wenn Sie von Beginn an konsequent mit ihm üben, wird Ihr Welpe schnell stubenrein.

- Alle zwei Stunden, falls er nicht schon aus den genannten Gründen draußen war.

Bringen Sie ihn jedesmal an die selbe Stelle des Gartens und benutzen Sie jedesmal die gleichen Worte. Schon bald assoziiert der Welpe mit beidem das Sichlösen und weiß, was er zu tun hat. Sparen Sie bei Erfolg nie mit Lob und vergessen Sie nicht zur Belohnung kurz mit ihm zu spielen. Wenn Sie sofort wieder mit ihm ins Haus laufen, könnte er auf die Idee kommen, seinen Ausgang durch irgendeine Verzögerungstaktik zu verlängern.

Lassen Sie ihn auf keinen Fall allein in den Garten in der Hoffnung, dass er schon sein Geschäft verrichten wird! Vor allem am Anfang müssen Sie ihn beobachten, um ihm den entsprechenden Befehl zu geben und ihn loben zu können.

Eine große Hilfe beim Sauberkeitstraining ist die Box. Ein Hund hasst es, seinen Schlafplatz zu verunreinigen, und wartet instinktiv so lange es geht, bis Sie ihn aus der Box holen. Wenn er noch sehr klein ist, hält er die Nacht noch nicht durch; deshalb gilt: abends so spät wie möglich und morgens so früh wie möglich in den Garten. Sie werden sehen: schon bald haben Ihre Nächte wieder eine normale Länge.

Wenn das Missgeschick passiert ist

Dass gelegentlich etwas daneben geht, ist bei einem Welpen unvermeidlich, seien Sie darauf gefasst. Seien Sie ihm nicht böse!

In neun von zehn Fällen ist es nämlich Ihr Fehler gewesen – Sie haben vergessen, ihn rechtzeitig nach draußen zu bringen, oder nicht erkannt, dass er »muss«. Untrügliches Anzeichen hierfür ist sein Schnüffeln am Boden, während er sich um sich selbst dreht. Nehmen Sie ihn sofort hoch, bringen Sie ihn an seinen Löseplatz, geben Sie sein Kommando und loben Sie ihn, wenn er folgsam ist.

Durch Lob und Belohnung, wenn er das Richtige getan hat, lernt ein Welpe viel schneller als durch Bestrafung für sein Fehlverhalten.

Der Schlüssel ist:

Wachsamkeit und das Sich-in-den-Welpen-Hineinversetzen. Sehen Sie voraus, wann er sich lösen muss, und nutzen Sie den Erfolg für die Zukunft.

Geben Sie Ihre Überwachungsfunktion nicht zu schnell auf – erst dann, wenn er sich selbst bemerkbar macht, wenn er in den Garten muss.

Ausgewogene Ernährung

Vermutlich haben Sie von Ihrem Züchter einen Futterplan für den Welpen mitbekommen, der angibt, wie oft er wie viel und was fressen sollte. Manche Züchter empfehlen vier Mahlzeiten am Tag, manche drei.

Wichtig ist: Ein Chihuahua hat einen sehr kleinen Magen, deshalb darf er nicht zu viel auf einmal fressen. Es ist ratsamer, kleine Mengen besonders eiweißreichen Futters zu geben, als ihn zu überfüttern (siehe Seite 71).

Manche Züchter befürworten Dosenfutter, weil das Verdauungssystem eines Chihuahuas winzig ist, und das hat einiges für sich. Unter das Dosenfutter können Sie Flocken oder Trockenfutter mischen, das aber aus sehr kleinen Bröckchen bestehen muss – sonst kann Ihr Kleiner es nicht bewältigen.

Eine andere Möglichkeit gesunder Ernährung ist ein gutes Trockenfutter, das alle Vitamine und Nährstoffe enthält, die der Hund braucht. Geben Sie dieses Futter aber aus den bereits genannten Gründen nur in eingeweichter Form!

Vielleicht müssen Sie aus irgendeinem Grund das Futter, das er beim Züchter bekommen hat, wechseln. Vermeiden Sie auf jeden Fall einen abrupten Wechsel – Ihr Welpe muss mit so viel Neuem fertigwerden, dass ihm ein Futterwechsel zu allem anderen mit Sicherheit auf den Magen schlagen würde.

Mischen Sie anfangs nur wenig vom neuen Futter unter das gewohnte, wobei Sie natürlich von letzterem entsprechend weniger geben müssen. Steigern Sie den Anteil von Tag zu Tag, bis die Umstellung komplett vollzogen ist.

Befolgen Sie bei der Ernährung zu Anfang die Empfehlungen des Züchters.

Mit zunehmendem Alter können Sie die Anzahl der Mahlzeiten pro Tag reduzieren. Wie schnell das geht, hängt davon ab, wie oft Sie am Anfang gefüttert haben. Als Faustregel gilt: Im Alter von sechs Monaten sollte Ihr Welpe nur noch zwei Mahlzeiten täglich benötigen. Wenn Sie aber weiter dreimal füttern wollen, schadet ihm das auch nicht.

Das Umzahnen

Wenn Sie Ihren Kleinen bekommen, hat er noch sein Milchgebiss. Der Umzahnungsprozess findet in der Regel im Alter zwischen vier und sechs Monaten statt. Während dieser Zeit kann sein Zahnfleisch besonders empfindlich sein, deshalb seien Sie vorsichtig, wenn Sie ihn im Schnauzenbereich berühren (siehe Seite 40, Wie fasse ich ihn an?). Wenn die neuen Zähne kommen, hat jeder Welpe ein besonders starkes Kaubedürfnis – seien Sie darauf gefasst! Geben Sie ihm jede Menge ungefährliches Spielzeug, an dem er nach Herzenslust nagen kann (dann lässt er Ihre Möbel vielleicht ungeschoren).

Während des Umzahnens können seine Ohren kurzfristig wieder zum Kippen kommen, selbst wenn sie sicher gestanden haben. Manche Chihuahuas haben zeitweilig ein Steh- und ein Kippohr – ein umwerfender Anblick! Machen Sie sich keine Sorgen: Nach dem Umzahnen kommen die Ohren wieder in ihre alte Stellung.

In manchen Fällen kann es helfen, besonders weiche Ohren für einige Zeit zu »kleben« (lassen Sie sich das auf jeden Fall von einem Fachmann zeigen). Das Problem tritt meist auf, wenn die Ohren sehr groß sind, ist aber glücklicherweise die Ausnahme.

Manche Welpen zeigen einen starken Kaudrang, wenn sie umzahnen.

Die Hausordnung

Ihr Chihuahua-Welpe ist so klein, dass es kaum vorstellbar ist, er könne jemals etwas anstellen.

Vorsicht! Chihuahuas sind lebhaft und neugierig und führen in kürzester Zeit das Regiment, wenn Sie nicht einige unumstößliche Regeln aufstellen.

Finden Sie für sich heraus, was Sie nicht stört und was nicht akzeptabel ist – und dann halten Sie sich daran. Wenn Sie die Regeln ständig ändern, verwirrt das Ihren Hund nur, und er lernt nie, was er darf und was nicht.

Ein Beispiel: Ihr Chihuahua darf auf Ihr Sofa – aber nur, wenn seine Pfoten nicht schmutzig sind. Kein Hund kann das verstehen! Entweder, Sie bringen ihm bei, dass das Sofa immer absolut tabu für ihn ist, oder Sie haben stets eine Decke griffbereit und er darf immer aufs Sofa – egal, wie schmutzig er ist.

Konsequenz ist das Schlüsselwort bei jeder Hundeerziehung, deshalb stellen Sie eine Hausordnung für Ihren Welpen auf, an die sich alle Familienmitglieder stets halten müssen. Hier einige Fragen, die Sie sich stellen müssen:

- Darf mein Hund aufs Sofa?
- Darf mein Hund im Bett schlafen?
- Darf er mit ins Schlafzimmer?
- Darf er bei Tisch betteln?
- Darf er an Besuchern hochspringen?

Hat er erst verstanden, was erwünscht ist und was nicht, gibt es kaum mehr Konflikte, und Sie sind auf einem guten Weg zu einer harmonischen Mensch-Hund-Partnerschaft.

Auch für den Welpen gilt die Hausordnung.

Auslauf und Bewegung

Ein Chihuahua-Welpe bekommt in der Regel ausreichend Bewegung, wenn Sie mit ihm im Garten spielen. Obwohl jeder Welpe Spaziergänge braucht, vor allem zu seiner Sozialisation, ist dieser Auslauf bis zum Alter von sechs bis acht Monaten nicht unbedingt notwendig. Zwerghundwelpen sind während des Heranwachsens sehr empfindlich, deshalb dürfen ihre Knochen und Gelenke keinesfalls zu stark belastet werden.

Mehr über den notwendigen Auslauf für den ausgewachsenen Chihuahua auf Seite 71.

Sozialisierung

Dies ist einer der wichtigsten Aspekte der Welpenfrüherziehung – mit enormen Auswirkungen auf seine Entwicklung zum erwachsenen Hund. Ein Welpe lernt durch Erfahrungen – je mehr, desto leichter fällt ihm sein späteres Leben. Chihuahuas sind extrovertiert und selbstsicher, aber aus ihrer Sicht, nur wenige Zentimeter über dem Boden, kann die Welt doch sehr bedrohlich wirken. Wenn Ihr Welpe zu den eher schüchternen, zurückhaltenden Chihuahuas gehört, kostet Sie seine Sozialisierung einiges an Mühe und jede Menge Lob, Aufmunterung und Belohnung.

Monstermaschinen

Gewöhnen Sie Ihren Welpen zunächst an alles, was es in einem lebhaften Haushalt zu sehen und zu hören gibt. Für Sie sind die Waschmaschine und der Staubsauger harmlos, aber versetzen Sie sich in Ihren Kleinen! Auf ihn wirken sie absolut bedrohlich.

Helfen Sie ihm, mit seinen Ängsten fertig zu werden.

- Setzen Sie sich neben der Waschmaschine (zum Beispiel) auf den Boden und locken Sie Ihren Welpen mit einem Spielzeug oder einem Leckerchen zu sich.
- Ist der Welpe voll mit seinem Spielzeug oder besagtem Leckerchen beschäftigt, schalten Sie die Waschmaschine (im Schongang!) ein.
- Beachten Sie das Geräusch nicht, spielen Sie einfach weiter mit ihm. In der Regel ist er so beschäftigt, dass ihn die Maschine in diesem Moment nicht kümmert.
- Schalten Sie sie nach einigen Minuten aus, wiederholen Sie die Übung später.
- Wenn der Welpe Angst zeigt, zwingen Sie ihn nicht zu der Waschmaschine. Aber verhätscheln Sie ihn auch nicht, sonst glaubt er, seine Angst sei nicht unbegründet!
- Am besten setzen Sie sich etwas weiter weg, versuchen es noch einmal, und wenn Sie sehen, dass der Kleine sicherer wird, rücken

Wenn Sie die Zeit aufbringen, Ihren Chihuahua an alles zu gewöhnen, was ein aktiver Haushalt mit sich bringt, kann ihn nichts mehr erschüttern.

Sie nach und nach immer näher. Geben Sie ihm Zeit und nicht auf!

Mit etwas Geduld von Ihrer Seite lernt Ihr Welpe, dass Haushaltsgeräte Teile des täglichen Lebens sind. Vergessen aber Sie nie, ihn zu loben und mit Leckerbissen oder seinem Lieblingsspiel zu belohnen.

Unbekannte Anblicke

Wir sind so gewöhnt an die Welt, in der wir leben, dass wir auch manche ungewöhnliche Dinge nicht als bedrohlich ansehen. Ein gut aufgezogener Welpe darf von Haus aus nicht nervös sein, aber es schadet nicht, wenn Sie seinen Horizont erweitern. Dies kann schon zu Hause beginnen, noch bevor er komplett geimpft ist. Laden Sie Freunde zu sich ein, lassen Sie ihn auf jeden Fall die Bekanntschaft von Kindern machen (siehe Seite 27)! Wenn Ihr Welpe so schon etwas mehr Selbstvertrauen entwickelt hat, können Sie die Anforderungen steigern. Inszenieren Sie ihm unbekannte Situationen, an die er sich gewöhnen muss; z.B.:

- Tragen Sie einen auffälligen Hut.
- Setzen Sie eine Sonnenbrille auf.
- Stellen Sie einen geöffneten Regenschirm auf den Boden, damit ihn der Welpe untersuchen kann.
- Machen Sie irgendwelche Musik.
- Schlagen Sie zwei Topfdeckel aneinander (eine Übung für Fortgeschrittene).

Eigentlich ist es gleich, was Sie tun. Sinn und Zweck der Übung muss sein, dass der Welpe lernt, dass auch Menschen in ungewöhnlicher Aufmachung keine Gefahr sind. Und versüßen Sie ihm jede Situation mit einem Spiel oder einem Leckerbissen! Sozialisierungsübungen müssen Spaß machen, dann ist für Ihren Kleinen alles ein Riesenspiel.

Wie fasse ich ihn an?

Jeder Welpe muss lernen, sich anfassen zu lassen – an jedem Teil seines Körpers. Dies ist für seine regelmäßige Pflege (siehe Seite 72) und für fällige Tierarztbesuche (siehe Seite 43) von grundlegender Bedeutung.

- Anfangs streicheln Sie den Welpen nur und belohnen ihn, wenn er ruhig sitzen bleibt.
- Nutzen Sie die Gelegenheit und setzen Sie ihn schon auf den Tisch, auf dem er später gebürstet werden soll – dann ist der Tisch nichts Neues mehr für ihn.

Wie fasse ich ihn an?

Bürsten Sie zunächst sanft sein Haar.

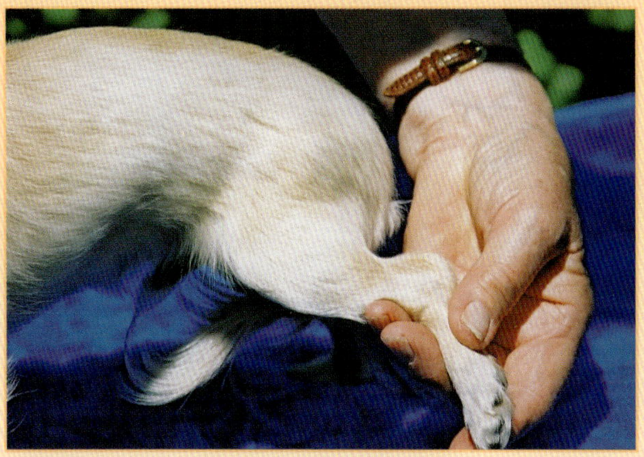

Nehmen Sie nacheinander alle Pfoten hoch und kontrollieren Sie Ballen und Krallen.

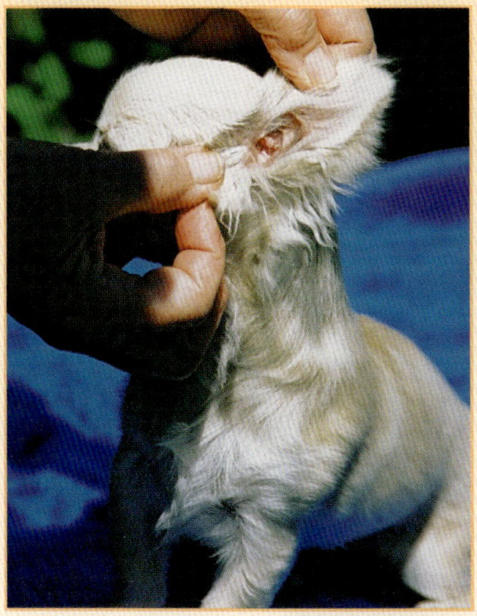

Prüfen Sie, ob die Ohren sauber sind.

Öffnen Sie den Fang und sehen Sie sich die Zähne an.

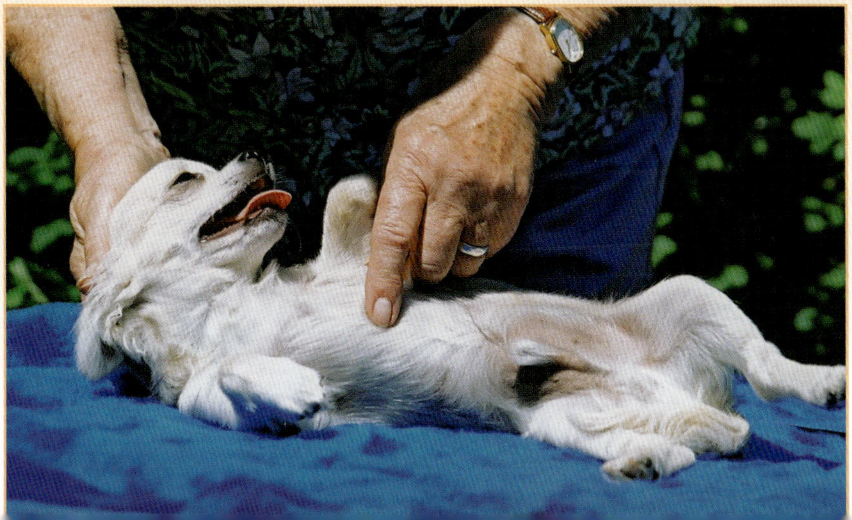

Legen Sie ihn auf den Rücken und kraulen Sie ihn am Bäuchlein.

- Als nächsten Schritt bürsten Sie den Welpen mit einer weichen Babybürste am ganzen Körper – so gewöhnt er sich an die Pflegeprozedur (besonders wichtig beim Langhaarchihuahua) und daran, am ganzen Körper berührt zu werden (siehe Seiten 72 – 78, Die Pflege).
- Nehmen Sie eine Pfote nach der anderen hoch und kontrollieren Sie Nägel und Ballen. Die Krallen müssen regelmäßig gekürzt werden (siehe Seite 77), deshalb muss er die Berührung seiner Pfoten ohne Gegenwehr akzeptieren.
- Sehen Sie in die Ohren – sie müssen sauber sein und dürfen nicht unangenehm riechen (siehe Seite 76).
- Öffnen Sie zur Zahnkontrolle seinen Fang. Die Zähne müssen regelmäßig gereinigt werden, deshalb muss Ihr Welpe auch diese Prozedur kennen lernen (siehe Seite 75).
- Ermuntern Sie Ihren Welpen, sich auch auf dem Tisch auf den Rücken zu legen – am besten, indem Sie ihn sanft am Bauch kraulen.

Belohnen Sie den Kleinen, wann immer er etwas gut gemacht hat. Wehrt er sich, ignorieren Sie dies taktvoll – wenn er z.B. die Ohrkontrolle verweigert, berühren Sie das Ohr zunächst nur, belohnen ihn, dann gehen Sie nach und nach immer weiter, bis er schließlich akzeptiert, was Sie tun.

Heben Sie den Kleinen nach der ganzen Übung vom Tisch auf den Boden und spielen Sie mit ihm.

Autofahren

Lassen Sie Ihren Welpen erst dann hinaus in die große, weite Welt, wenn er vollständigen Impfschutz hat (siehe Kapitel 8); bis dahin können Sie die Zeit nutzen und ihn ans Autofahren gewöhnen. Die meisten Hunde lieben es, und der Chihuahua ist keine Ausnahme. Eine Ausfahrt bedeutet eine willkommene Abwechslung – und außerdem wollen Chihuahuas jede Familienaktivität mitmachen.

Stellen Sie sicher, dass Ihr Hund im Auto sicher untergebracht ist und nicht stören kann. Im Auto sollte er stets in seiner Transportbox untergebracht sein. Ist er frei, kann er sich zu leicht verletzen, wenn Sie plözlich bremsen müssen. Vielleicht überkommt ihn auch während der Fahrt das Bedürfnis, mit dem Fahrer zu spielen!

Ist Ihr Chihuahua an die Box gewöhnt (siehe

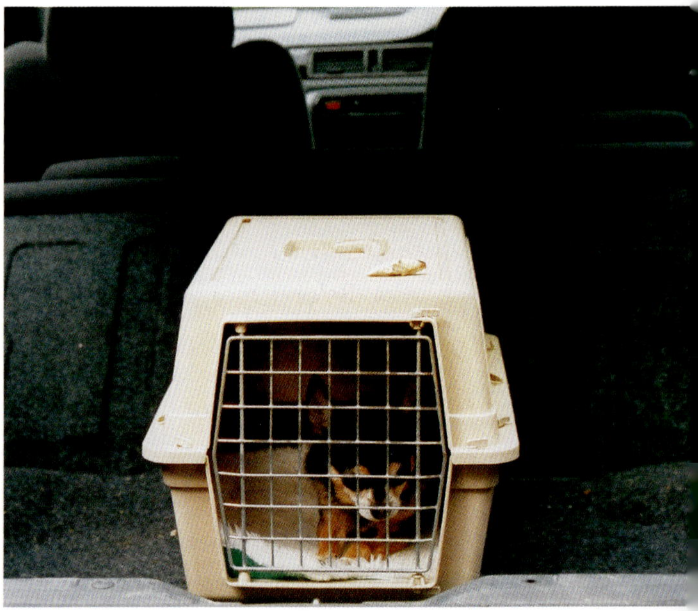

Chihuahuas lieben das Autofahren.

Seite 34), bleibt er während der Autofahrt ruhig liegen. Vielleicht macht er sich anfangs lautstark bemerkbar – wenn Sie ihn ignorieren, merkt er schnell, dass es ihm nichts bringt.

Gelegentlich wird auch einem Chihuahua im Auto schlecht. Meist gibt sich dies mit dem Heranwachsen. Neigt er dazu, füttern Sie ihn nicht vor der Fahrt, und nehmen Sie ihn anfangs nur kurze Strecken mit. Wenn das Problem bleibt, sollten Sie Ihren Tierarzt befragen.

Der Besuch beim Tierarzt

Schon bald nach dem Einzug des Welpen ist ein erster Gesundheitscheck beim Tierarzt zu empfehlen. Damit seine Beziehung zum Tierarzt von Anfang an unter einem guten Stern steht, machen Sie ihm diesen Besuch so angenehm wie möglich. Sonst assoziiert er für immer »Tierarzt« mit »Schmerz«!

Nehmen Sie jede Menge Leckerchen mit! Halten Sie ihn auf dem Schoß, damit er nicht vor größeren Hunden im Wartezimmer Angst bekommt.

Suchen Sie einen Tierarzt, der Erfahrung mit Zwerghunden hat (siehe Seite 22); er weiß, dass er mit Ihrem Chihuahua gefühlvoll und vorsichtig umgehen muss. Belohnen Sie den Kleinen mit einem Leckerchen – vermutlich hat auch der Tierarzt einen erklecklichen Vorrat davon.

Der Tierarzt untersucht den Welpen gründlich und horcht sein Herz ab. Besprechen Sie mit ihm die zukünftigen Impfungen, lassen Sie sich ein Präparat zum Entwurmen und, wenn nötig, gegen Flohbefall geben (siehe Kapitel 8).

Welpenspielgruppen

Viele Hundevereine bieten spezielle Spielgruppen für Welpen an, zu denen man gehen kann, sobald ein Welpe geimpft ist. Dies ist eine wunderbare Gelegenheit für Ihren Kleinen, unter fachmännischer Aufsicht mit gleichaltrigen Welpen anderer Rassen zusammenzukommen und sich an Hunde unterschiedlicher Größe und unterschiedlichen Temperaments zu gewöhnen, die alle den gleichen Entwicklungsstand haben wie er.

Dies ist besonders wichtig für Ihren Chihuahua, dessen Schicksal es schließlich ist, als Zwerg unter größeren Hunden durchs Leben zu gehen. In solchen Spielgruppen bekommt er das nötige Selbstvertrauen und lernt sicheres, artgerechtes Verhalten gegenüber seinen Artgenossen.

Die weite Welt

Nach kompletter Impfung dürfen Sie endlich mit Ihrem Kleinen hinaus in die Welt. Dies ist ein großer Schritt für ihn – überfordern Sie ihn zu Beginn nicht!

Halten Sie ihn zunächst auf dem Arm, wenn Sie ihn in eine völlig fremde Umgebung bringen, dort fühlt er sich sicher. Warten Sie aber nicht lange damit, ihn an seine Leine zu gewöhnen (siehe Seite 52). Wenn Sie ihren Chihuahua jetzt wie einen Schoßhund behandeln, der kaum auf seinen eigenen Läufen stehen kann – wird er das auch ewig bleiben. Zeigen Sie Verständnis und sehen Sie die Welt mit seinen Augen. Er mag klein sein, aber er will als richtiger Hund ernst genommen werden.

Folgende Situationen verhelfen ihm zu einem gesunden Sozialverhalten:

- Gehen Sie in ein Einkaufszentrum, setzen Sie sich mit ihm auf dem Schoß auf eine Bank. Er bekommt aus sicherer Entfernung einen ersten Eindruck von Menschenmengen und Lärm.

Ein gut sozialisierter Chihuahua verkraftet mühelos alle Situationen.

- Gehen Sie in den Park auf einen Kinderspielplatz. Halten Sie ihn auf dem Schoß (laufen darf er dort ohnehin nicht), damit er den Lärm spielender Kinder kennen lernt.
- Bringen Sie ihn auf den Bahnhof oder an die Bushaltestelle, um ihn an das geschäftige Treiben auf öffentlichen Plätzen zu gewöhnen. Lassen Sie ihn auf den Boden, aber passen Sie auf, dass er nicht getreten wird. Dies ist eine Übung für Fortgeschrittene!
- Nehmen Sie ihn zum Einkaufen in ein Zoogeschäft mit – dort sind Hunde sicher erlaubt.
- Bringen Sie ihn mit anderen Tieren zusammen – Hühner, Schafe, Kühe, Pferde. Ihr Chihuahua muss mit Lebewesen aller Art klarkommen, ohne Angst zu haben oder sie ständig anzukläffen.

Wenn Ihr Chihuahua vor irgendetwas Angst hat, reden Sie beruhigend auf ihn ein und lenken Sie ihn mit einem Spielzeug oder einem Leckerchen ab. Lassen Sie nicht zu, dass er einen Ort nicht mehr betreten will, nur weil er ihn mit etwas Bedrohlichem verbindet – denn dann ist die Welt irgendwann für Sie beide sehr klein.

Wenn Ihr Welpe sich fürchtet, seien Sie besonders sanft, halten Sie ihn in einiger Entfernung von der vermeintlichen Gefahrenquelle und stärken Sie sein Selbstvertrauen mit Ermunterung und Belohnung.

In den meisten Fällen passt sich ein Hund dem Verhalten seines Herrn an. Wenn Sie jedesmal großes Theater machen, wenn Ihr

Geben Sie Ihrem Welpen eine gute, umfassende Erziehung, dann wird er ein angenehmer Hund, den man gern um sich hat.

Welpe nervös wirkt, ist er früher oder später neurotisch.

Bleiben Sie ruhig, haben Sie eine positive Ausstrahlung – so erkennt er auf lange Sicht, dass er vor nichts Angst haben muss.

Sozialverhalten zu lernen ist ein besonders wichtiger Teil der Welpen-Früherziehung, aber auch der erwachsene Hund benötigt seine regelmäßigen Spaziergänge. Er braucht die Gesellschaft von Artgenossen und Menschen.

Sogar auf dem kurzen Gang zur Post oder zur Sparkasse will er bei Ihnen sein! Für Sie vielleicht nur langweilige Routine, was ihn betrifft aber eine neue gute Gelegenheit, etwas Interessantes mit Augen oder Nase zu entdecken.

Kapitel 4

Erziehung und Training

Zwerghundbesitzer stehen dem Thema »Training« mit geteilter Meinung gegenüber. Viele meinen, es sei gerade der Vorzug eines kleinen Hundes, kaum Erziehung zu brauchen. Ein Zwerghund reißt Ihnen nicht den Arm ab, wenn er an der Leine zieht, und er wirft Sie nicht um, wenn er an Ihnen hochspringt. Aber ist das Grund genug, die Intelligenz des Hundes brachliegen zu lassen?

Chihuahuas sind äußerst intelligent; sie sind schnell im Kopf und brauchen Anregungen jeder Art. Wenn Sie Ihren Kleinen ausschließlich als Schoßhund sehen, enthalten Sie ihm einen wichtigen Teil seines Hundedaseins vor. Einen Zwerghund kann man praktisch überall hin mitnehmen. Er muss aber gelernt haben, sich zivilisiert zu verhalten, sonst wird er lästig. Auch ein Chihuahua repräsentiert die Hundewelt. Fällt er durch gutes Benehmen in der Öffentlichkeit auf, ist das positiv für das Image aller Hunde und spricht letztlich auch für Sie.

Urahn Wolf

Der Verstand eines Zwerghundes funktioniert exakt wie der eines großen. Alle Hunde – vom kleinsten, zierlichsten bis hin zum größten – haben einen gemeinsamen Urahnen, den Wolf. Über Tausende von Jahren wurden sie domestiziert und entwickelten sich zu Begleitern der Menschen.

Der Wolf ist ein Rudeltier, das heißt, er lebt in einer sozialen Rangordnung und akzeptiert seine Stellung im Rudel. Der Chihuahua sieht dem Wolf vielleicht nicht besonders ähnlich, dennoch hat er sein instinktives Rudelverhalten nicht verloren. Das heißt vor allem, dass er einen Anführer braucht und und sich willig an die Regeln seines persönlichen Rudels halten muss. Keine Sorge: Sie müssen nicht die Rolle des furchteinflößenden Rudelführers übernehmen, der seinen Kleinen herumkommandiert. Das wäre ungefähr so, wie eine Nuss mit einem Vorschlaghammer knacken zu wollen! Sie sollen lediglich klare Regeln aufstellen, denen sich Ihr

Ein kleiner Hund braucht genauso viel Erziehung wie ein großer.

Chihuahua gern beugt. Seien Sie freundlich, aber konsequent, und sparen Sie nicht mit Lob und Belohnung, das motiviert Ihren Chihuahua, stets das zu tun, was Sie möchten.

Motivation

Nachdem nun klar ist, dass auch ein Chihuahua einen Rudelführer braucht, müssen wir ihn dazu bringen, ein eifriger, williger Schüler zu sein. Lernen ist auch unter langweiligen Umständen möglich, es ist dann aber langsam und eher halbherzig. Wie viel schöner ist es, wenn der Lehrer Engagement und Begeisterung zeigt und die Schüler wissen, dass sie für etwas lernen, was sie wirklich wollen!

Genau dies gilt auch in der Erziehung des Hundes. Er tut das, was er soll, aber ohne die entsprechende Motivation gibt er sich nicht viel Mühe. Es gibt viele Wege, einen Hund zu motivieren; welcher in Ihrem Fall der beste ist, hängt davon ab, wie gut Sie Ihren Hund kennen und wissen, wie sein Verstand arbeitet. Viele Hunde tun alles für eine leckere Belohnung, für andere ist das Lieblingsspiel größter Lohn. Probieren Sie das einfach aus, beobachten Sie, wie er reagiert. Vielleicht begeistert ihn eine leckere Belohnung – und wenn die dann noch etwas ganz Besonderes ist, z.B. ein Stück Käse oder gekochte Leber, lässt ihn das Berge versetzen!

Kalorienzählen

Eine ausgewogene Ernährung ist für jeden Hund wichtig, er darf nicht dick werden (siehe Seite 71). Wenn Sie mit Futter als Belohnung arbeiten, müssen Sie die entsprechende Menge von der normalen Ration abziehen!

»Clicker-Training«

Diese auf einem Belohnungs-System aufgebaute Trainingsmethode wurde erstmals von Karen Pryor bei ihrer Arbeit mit Delphinen angewandt; sie wird heute mit großem Erfolg bei vielen Tierarten eingesetzt. Hunde sind hierfür ideal, da sie besonders intelligent sind und es lieben, Freude zu bereiten.

Der »Clicker« ist ein Knackfrosch mit einer Metallzunge, die »klick« macht, wenn man darauf drückt. Der Trainer benutzt das »Klick« als Bestätigung für richtiges Verhalten; dieses Signal sagt dem Hund »Ja, das war es, was ich wollte« und die Belohnung folgt auf dem Fuße – in der Regel ein Leckerchen oder das Lieblingsspielzeug oder auch schlicht lobende Worte und Streicheleinheiten. Durch dieses Training lernt der Hund besonders leicht, für seine Belohnung zu arbeiten. Er weiß, dass es erst »klicken« muss, bevor er seinen Lohn bekommt. Dies begreifen Hunde sehr schnell; sie finden diese Art des Trainings äußerst spannend!

Vergessen Sie nicht ...

Welche Trainingsmethode Sie auch anwenden und was immer Sie als Belohnung einsetzen: Lobende Wort und Streicheln gehören stets dazu! Ihr Chihuahua will Ihnen Freude bereiten – also lassen Sie ihn Ihre Begeisterung auch deutlich spüren.

Ihr Tonfall ist ein wichtiger Faktor bei der Erziehung des Hundes. Er versteht den Sinn der Wörter nicht, die Sie benutzen; er erkennt nur aus Ihrem Tonfall, ob er es richtig gemacht hat. Legen Sie also Freude und Begeisterung in Ihre Stimme, wenn Sie mit Ihrem Hund üben, und setzen Sie noch eins drauf, wenn er alles richtig gemacht hat!

Basisübungen

Es empfiehlt sich, die Übungen, die Ihr Hund beherrschen soll, zu planen, zudem die Reihenfolge, in der er sie lernen soll. Manche Übung baut auf einer anderen auf, andere, wie etwa das Apportieren, sind freiwillige Zugaben.

»Sitz«

Ihm diese Übung beizubringen, ist sehr einfach; beginnen Sie damit, sobald sich Ihr Welpe in seinem neuen Zuhause eingelebt hat.

- Bewaffnen Sie sich mit einem Leckerchen, halten Sie es dicht über seinen Kopf.
- Wenn der Welpe nach oben schaut, nimmt er automatisch die »Sitz«-Position ein. Das mag eine kleine Weile dauern, wenn Sie aber durchhalten, kann er gar nicht anders.
- Arbeiten Sie mit dem Clicker, klicken Sie genau in dem Moment, wenn er sich setzt.

Bringen Sie Ihren Welpen mit einem Leckerchen in die »Sitz«-Position.

- Belohnen Sie ihn mit Lob und Leckerchen.
- Wiederholen Sie die Übung mehrmals, bis er verstanden hat, was Sie von ihm wollen. Loben Sie ihn überschwänglich, wenn er es gut gemacht hat!
- Sie können die Übung wiederholen, wenn Sie ihn füttern – halten Sie die Futterschüssel dicht über seinen Kopf und stellen Sie sie erst auf den Boden, wenn er sitzt.
- Sind Sie sicher, dass Ihr Welpe die Übung beherrscht, sagen Sie »Sitz!«, sobald er sich setzt. Mit der Zeit assoziiert er diesen Befehl mit dem, was er gerade tut, und setzt sich hin, sobald Sie das Kommando aussprechen.

»Platz«

Das ist eine Weiterführung der »Sitz«-Übung, mit der Sie beginnen können, sobald der Welpe das »Sitz« beherrscht.

- Bringen Sie den Welpen in die »Sitz«-Position; zeigen Sie ihm die Belohnung, die in Ihrer Hand auf ihn wartet.
- Verschließen Sie das Leckerchen in Ihrer Faust und bewegen Sie diese hinunter zum Boden.
- Der Welpe folgt gierig dem Leckerchen (in Ihrer Faust) hinunter zum Boden.
- Vielleicht versucht er, an das Objekt seiner Begierde zu gelangen, wenn Sie Ihre Faust aber fest geschlossen halten, fügt er sich irgendwann.
- Sobald Sie sehen, dass der Welpe sich hinlegt, klicken Sie und belohnen ihn.
- Wiederholen Sie die Übung, bis er weiß, worum es geht, aber vergessen Sie nie, ihn ausgiebig zu loben!
- Fügen Sie den Befehl »Platz« hinzu, und lassen Sie ihn immer länger in der gewünschten Position verharren, bis die Belohnung kommt. Früher oder später wird er auch

Nähern Sie Ihre Hand mit dem Leckerchen bis zum Boden – der Welpe folgt ihr, bis er zum Liegen kommt. Loben Sie ihn und belohnen Sie ihn.

Halten Sie den Leckerbissen so vor ihn, dass er stehend verharrt.

ohne den kulinarischen Köder auf das Kommando »Platz« reagieren.

»Steh«

Ein Haushund muss dies nicht unbedingt können, wenn Sie Ihren Hund aber später ausstellen wollen, ist das »Steh« eine Notwendigkeit (siehe Kapitel 7, Das Idealbild). Für manchen Ausstellungshund ist die »Sitz«-Übung sogar kontraproduktiv!

- Halten Sie das Leckerchen genau so vor den Welpen, dass er es bequem erreichen kann, wenn er auf allen vier Pfoten steht.
- Klicken Sie, belohnen Sie ihn.
- Wiederholen Sie die Übung, wobei Sie jedesmal etwas länger mit den Belohnung warten.
- Bringen Sie den Befehl »Steh« ins Spiel; ziehen Sie das Wort in die Länge, damit Ihr Hund so lange wie möglich stehend verharrt.

»Komm«

Dies ist einem jungen Welpen problemlos beizubringen und von unschätzbarem Wert, wenn er erwachsen ist. Chihuahuas sind überaus flink, und Sie würden Ihre liebe Mühe haben, den Hund einzufangen, wenn er das Weite sucht!

- In der ersten Zeit nach seinem Einzug folgt Ihr Welpe Ihnen auf Schritt und Tritt. Machen Sie sich das zunutze – nennen Sie ihn beim Namen und loben Sie ihn immer, wenn er gerade zu Ihnen kommt.
- Wenn Sie den Clicker benutzen, klicken und belohnen Sie ihn mit Futter oder Spiel.
- Kommt Ihr Welpe begeistert zu Ihnen gerannt, rufen Sie seinen Namen und sagen Sie »Komm!« Vergessen Sie die Belohnung nicht.
- Bringen Sie System in die Übung: Bitten Sie jemanden, den Kleinen zu halten und erst

Loben und ermuntern Sie ihn, damit er gern zu Ihnen kommt.

Jeder Welpe muss sich an ein Halsband gewöhnen.

- Legen Sie ihm zunächst das Halsband an. Es muss leicht sein und so weit, dass Sie zwei Finger darunterschieben können.
- Sicherlich versucht Ihr Kleiner erst einmal, das störende Ding von seinem Hals zu kratzen. Lenken Sie ihn durch ein Spiel ab!
- Lassen Sie anfangs das Band nur ein paar Minuten an seinem Hals, nehmen es dann ab.
- Legen Sie das Halsband an, bevor Sie ihn füttern – eine gute Methode, für Ablenkung zu sorgen.
- Steigern Sie langsam die Länge der Zeitspannen, in denen er das Halsband trägt, bis er es irgendwann völlig ignoriert.
- Der nächste Schritt: Befestigen Sie die Leine am Halsband. Lassen Sie ihn frei laufen, so dann loszulassen, wenn Sie das Kommando »Komm« geben.
- Wenn Ihr Ehrgeiz geweckt ist, können Sie den Welpen noch »Sitz« machen lassen, nachdem er zu Ihnen gekommen ist.

Versuchen Sie stets, Begeisterung anklingen zu lassen, wenn Sie befehlen »Komm«. Ihr Welpe sollte zu Ihnen kommen wollen, weil ihn jede Menge Lob und als Zugabe eine schmackhafte Belohnung erwarten.

Die Leine

Gewöhnen Sie Ihren Kleinen an die Leine, schon bevor Sie »richtig« mit ihm spazieren gehen. Dann können Sie sofort mit ihm losmarschieren, wenn er komplett geimpft ist.

Er muss lernen an der Leine neben Ihnen her zu laufen.

dass er die Leine hinter sich her zieht (Vorsicht: Er darf nirgendwo hängenbleiben!).

- Nehmen Sie dann die Leine in die Hand, folgen Sie ihm, wohin er auch geht. Wenn er das problemlos mitmacht, klicken Sie und belohnen Sie ihn.
- Als Nächstes muss Ihr Welpe lernen, dorthin zu gehen, wohin SIE wollen.
- Es kann hilfreich sein, ihm diese neue Erfahrung mit einem Spielzeug oder einem Leckerchen schmackhaft zu machen.
- Wenn er einige Schritte mit Ihnen geht, ohne sich zu wehren, klicken und belohnen Sie ihn.
- Wenn er zurückbleibt, bleiben Sie stehen, rufen ihn zu sich und starten erneut mit vielen aufmunternden Worten.
- Zieht er nach vorn, halten Sie an und rufen ihn zu sich. Starten Sie von Neuem, lenken Sie seine Aufmerksamkeit auf sich – weg von dem, was vor ihm liegt.
- Üben Sie sich in Geduld, stoppen und belohnen Sie ihn, selbst wenn er nur wenige Schritte neben Ihnen her gelaufen ist.
- Bringen Sie das Kommando »Bei Fuß« ins Spiel, wenn Ihr Welpe sicher ohne zu ziehen an der Leine läuft.

Übung macht den Meister, dies gilt besonders für die Leinenführigkeit. Loben Sie Ihren Welpen, wann immer er an loser Leine neben Ihnen herläuft – mit Worten oder durch Klicken, um ihm zu zeigen, dass er genau das tut, was Sie wollen. Dann halten Sie an und belohnen ihn wie gehabt. Sagen Sie »Bei Fuß« wirklich nur, wenn er sich direkt neben Ihnen befindet. Nur zu oft geht das Leinen-Training schief, weil dem Welpen ständig gesagt wird, dass er etwas falsch macht, anstatt ihn zu loben, wenn alles wunschgemäß läuft.

»Bleib«

Diese Übung erweist sich in den unterschiedlichsten Situationen als nützlich. Sie baut konsequenterweise auf dem Leinentraining auf, da die Erfolgsaussichten bei einem Hund, der an der Leine läuft, ungleich größer sind.

Üben Sie »Bleib« in jedem Fall völlig unabhängig vom »Komm«, damit Ihr Hund nichts durcheinander bringt.

- Ihr Welpe kann lernen, sowohl in der »Sitz«- und der »Steh«- als auch in der »Platz«-Posi-

Üben Sie das »Bleib« in mehreren leichten Schritten.

tion zu »bleiben«. Um es ihm beizubringen, sollten Sie sich aber zu Anfang nur auf eine der drei Möglichkeiten konzentrieren.

- Nehmen Sie den Kleinen an die Leine, stellen Sie sich vor ihn und bringen ihn in die Position, für die Sie sich entschieden haben.
- Machen Sie einen Schritt zur Seite Ihres Welpen hin, zeigen Sie ihm mit einer Handbewegung (die Handfläche zeigt zum Hund), dass er in seiner Position verharren soll.
- Machen Sie noch einen Schritt, bis Sie direkt neben ihm sind, klicken Sie und loben Sie ihn.
- Wiederholen Sie das Ganze und sagen Sie »Bleib«, wenn Ihr Welpe weiß, dass er sich nicht von der Stelle bewegen darf.
- Wenn der Kleine dabei aufsteht und zu Ihnen kommt, bringen Sie ihn wieder in seine Ausgangsposition, starten einen neuen Versuch.
- Machen Sie versuchsweise einen Schritt nach vorn und wieder zurück, damit er weiß, dass er zu bleiben hat, ganz gleich wo Sie sind.
- Entfernen Sie sich immer weiter von ihm, während er »bleibt«. Überstürzen Sie zu diesem Zeitpunkt nichts, das würde ihn nur verunsichern und er bekäme Angst, verlassen zu werden.
- Wenn Sie an die Seite des Kleinen zurückkehren, klicken Sie und loben Sie ihn.

Nützlich ist auch ein bestimmtes Wort (z.B. »OK«), mit dem Sie ihn »befreien«, damit er weiß, wann er sich von seinem Platz entfernen darf. Sparen Sie nicht mit Lob und Spiel zur Belohnung!

Das Apportieren

Er muss nicht unbedingt apportieren können, es ist aber ein Riesenspaß für ihn, von dem er sicher nicht genug bekommen kann.

- Lenken Sie die Aufmerksamkeit Ihres Welpen auf ein Spielzeug, das er mag, das er gut aufnehmen kann und das nicht zu schwer ist.
- Spielen Sie mit ihm: Lassen Sie ihn daran ziehen, verstecken Sie es, lassen Sie ihn suchen – bis er voll auf das Spielzeug konzentriert ist.
- Werfen Sie den Gegenstand ein Stück weg. Wenn der Kleine hinterherläuft und ihn aufhebt, klicken Sie und loben Sie ihn.
- Verliert er das Interesse, kehren Sie zum intensiven Spiel zurück und versuchen Sie das Werfen nach einiger Zeit noch einmal. Klicken und Belohnung, wenn er hinterherläuft!
- Steigern Sie die Übung langsam und ohne Zwang, bis er den Gegenstand aufhebt. Jetzt ist die Zeit gekommen, einen Befehl wie »Halts fest« ins Spiel zu bringen.
- Als Nächstes soll Ihr Welpe lernen, den Gegenstand zu Ihnen zurückzubringen.
- Hat er das Spielzeug im Fang, rufen Sie seinen Namen und befehlen »Komm«. Mit ein bisschen Glück kommt er zu Ihnen gelaufen – mit dem Spielzeug. Ist dies der Fall, loben Sie ihn überschwänglich!

Wundern Sie sich nicht, wenn er zunächst versucht, mit dem Spielzeug wegzulaufen oder es fallen lässt, bevor er Sie erreicht hat. Dem können Sie jedoch entgegen wirken:

DAS APPORTIEREN

Dieser Chihuahua hat die Übung mit einem speziellen Apportierbock gelernt. Wenn Sie das zu ehrgeizig finden, können Sie auch ein Lieblingsspielzeug verwenden.

Befehlen Sie ihm »Warte!«

Werfen Sie den Gegenstand.

Der Hund läuft und nimmt den Gegenstand.

Er hält ihn fest und läuft zurück

Er kommt zu Ihnen und präsentiert Ihnen den Gegenstand

Erste Methode

Bewaffnen Sie sich mit einem zweiten Spielzeug und rufen Sie ihn. Wenn Sie Glück haben, läuft er herbei, um zu sehen, was Sie da haben. Klicken Sie, belohnen Sie ihn, dann nehmen Sie ihm das alte Spielzeug weg und geben ihm dafür das neue. Das zeigt ihm, dass Ihr »Komm« nicht das Ende des Spiels bedeutet und er seine Beute nicht durch Weglaufen in Sicherheit bringen muss.

Zweite Methode

Hört das Weglaufen nicht auf, befestigen Sie eine lange Schnur am Spielzeug, werfen Sie es, so dass Ihr Welpe hinterherjagt. Hat er es erwischt, ziehen Sie es (mit ihm) langsam sanft zu sich heran, rufen Sie ihn dabei, und wenn er bei Ihnen angekommen ist, das Übliche: Klick, Lob, Belohnung. Dies zeigt ihm, dass es sich mehr lohnt, mit der Beute zu Ihnen zu kommen, als wegzulaufen.

Spaß und Spiel

Es gibt unzählige Tricks, die Sie Ihrem Chihuahua beibringen können, wenn er die Grundübungen beherrscht – zum Beispiel, sich aufzusetzen und »bitte-bitte« zu machen, Pfötchen zu geben, eine Rolle seitwärts zu machen.

Was immer Sie tun: alles fördert seine geistige Beweglichkeit und die Beziehung zu seinem Herrn.

Hundevereine

Sich einem solchen Verein anzuschließen, ist ein vorzügliches Mittel, den Chihuahua zu sozialisieren und fachmännische Hilfe bei seiner Erziehung zu bekommen. Aber Vorsicht: Nicht jeder Klub ist für Sie und Ihren Hund geeignet! Gehen Sie zunächst allein hin und finden Sie Folgendes heraus:

- **Bietet der Verein Kurse für verschiedene Ausbildungsstufen an?** Im Idealfall werden die Hunde einer Trainingsgruppe zugeordnet, die ihrer Erfahrung und ihrem jeweiligen Kenntnisstand entspricht. Aber auch ein gemeinsamer Kurs für alle muss nicht schlecht sein, sofern der Ausbilder versiert ist und darauf achtet, dass die Hunde sich nicht gegenseitig beeinträchtigen.
- **Arbeiten die Ausbilder mit positiven Trainingsmethoden, die auf dem Belohnungs-System basieren?** Diese bringen nachweislich den besten Erfolg, und Sie wollen sicher nicht, dass das Verhalten Ihres Hundes durch rohes Reißen an seiner Leine korrigiert wird!
- **Arbeitet der Ausbilder mit der Clicker-Methode?** Natürlich ist dies kein Muss, aber sehen Sie es als Pluspunkt. Ein guter Ausbilder kann durch das Klicken Ihnen und dem Hund das ideale Timing zeigen – gut für Ihre Übungen zu Hause!
- **Hat der Ausbilder Erfahrung mit Kleinhunden?** Ebenfalls wichtig – nur ein solcher Trainer weiß die Fähigkeiten eines Chihuahuas realistisch einzuschätzen.
- **Veranstaltet der Verein auch Ringtraining für Ausstellungen?** Dieses Training steht in manchen Vereinen an oberster Stelle, andere bieten es als eine Möglichkeit unter vielen an. Natürlich ist das nur interessant, wenn Sie

Ihren Hund wirklich ausstellen wollen (siehe Kapitel 7, Das Idealbild).

Viele Hundebesitzer geben sich die größte Mühe, ihren heranwachsenden Hund zu erziehen, hören aber mit dem Training auf, wenn er ausgewachsen ist. Falsch! Training ist eine lebenslange Angelegenheit – und außerdem: Ihr Hund genießt jede Minute, in der er sich Ihrer ungeteilten Aufmerksamkeit sicher sein kann. Auch in dieser Hinsicht ist das Training von unschätzbarem Wert.

Wenn Ihr Chihuahua Verhaltensstörungen zeigt, müssen Sie herausfinden, was schief gegangen ist.

Problemfälle

Trotz aller Bemühungen läuft nicht immer alles glatt. Vielleicht ist Ihr Hund besonders draufgängerisch und dominant, oder Sie haben ihn doch etwas zu sehr verwöhnt und er hat nun eine falsche Einschätzung seiner selbst.

Kein Grund zur Verzweiflung: Ihr Chihuahua ist ein gescheiter Hund, dem Sie auch schlechte Angewohnheiten erfolgreich austreiben können. Glücklicherweise sind die Fälle, in denen des Fehlverhalten eines Chihuahuas wirklich auf einer angeborenen Wesensschwäche beruht, äußerst selten.

Der verwöhnte Chihuahua

Das häufigste Problem bei der Erziehung eines Chihuahuas sind seine Besitzer, die ihn zu sehr verwöhnen. Meist glauben sie, ihren Kleinen überbeschützen zu müssen und behandeln ihn nicht wie einen richtigen Hund. Jeder weiß: Wenn ein großer Hund sich daneben benimmt, muss man etwas tun. In neun von zehn Fällen wird das Fehlverhalten eines Chihuahuas aber dadurch gestoppt, dass man ihn einfach hoch nimmt. Dies führt zwar kurzfristig zum Erfolg, aber das Problem ist nur verschoben, nicht gelöst.

Lässt man einen Hund die Oberhand gewinnen (gleich welcher Rasse), nutzt er das sofort zu seinem Vorteil aus. Die Beziehung zwischen Herrn und Hund gerät aus dem Gleichgewicht – mit schlimmen Folgen:

Der Hund versucht immer mehr, die Grenzen zu verschieben, um zu zeigen, dass er tun kann, was er will.

Einige Beispiele:

- Die Hausordnung wird missachtet: Er springt auf Möbel, die eigentlich tabu sind.
- Übermäßiges Bellen
- Er knurrt, wenn sich jemand dem Platz nähert, den er sich zum Schlafen gesucht hat, oder ihn gar von dort wegbringen will.
- Er verteidigt seine Futterschüssel oder sein Spielzeug.

Diese Situationen mögen auf den ersten Blick nichts miteinander zu tun haben, jedoch zeigen alle das Gleiche: Ihr Chihuahua hat den Respekt vor Ihnen verloren. Wenn Sie fürchten, dass dies geschehen ist oder sich Ihre Beziehung sonstwie verschlechtert, ist sofortiges Handeln vonnöten. Ein Hund nimmt Unarten sehr schnell an, und wenn er sie erst verinnerlicht hat, sind sie nur noch schwer zu brechen.

Stellen Sie die Rangordnung wieder her!

Wie schon mehrfach betont: Chihuahuas sind sehr klug. Sie merken schneller, als man denkt, wenn das Spiel aus und die alte Ordnung wieder hergestellt ist. Sie geben auf und ordnen sich willig unter. So können Sie Ihre Autorität im Ernstfall wiedergewinnen:

Beim Füttern

- Füttern Sie Ihren Kleinen grundsätzlich erst, nachdem die Familie gegessen hat – das zeigt

Lassen Sie einige Leckerchen in den Futternapf fallen, damit er lernt, sich durch Sie nicht gestört zu fühlen.

ihm seine untergeordnete Stellung im Rudel.

- Geben Sie ihm nichts vom Tisch, wenn Sie essen – Leckerchen sind ausschließlich als Belohnung für gutes Verhalten erlaubt.
- Wenn Ihr Chihuahua seinen Futternapf verteidigt: Legen Sie gelegentlich ein Leckerchen hinein, während er frisst – dann freut er sich am Ende sogar, wenn Sie ihn beim Fressen stören.
- Nehmen Sie ihm sein Futter anfangs nur für einen kurzen Moment und nach und nach länger weg, danach lassen Sie ihn grundsätzlich weiterfressen. So lernt er, Sie als seinen Ernährer und »Futterlieferanten« zu respektieren.

Im Haus

- Entscheiden Sie wohin Ihr Hund darf und was tabu für ihn ist (Sofa, Sessel, Bett usw.)
- Seien Sie absolut konsequent und halten Sie ihn jedesmal zurück, wenn er eine der Tabuzonen betreten will. Machen Sie das in netter Form: Ein deutliches »Nein«, wenn er aufs Sofa springen will, reicht aus, vor allem, wenn Sie ihn zusätzlich mit einem Spiel ablenken.
- Danach bringen Sie ihn zu seinem Körbchen (oder zu dem Sessel, auf dem er liegen darf) und befehlen ihm, sich dort zu setzen oder hinzulegen. Belohnen Sie ihn mit überschwänglichem Lob – selbst wenn er nur kurz in der gewünschten Position verharrt. Irgendwann begreift er, dass es sich lohnt, sofort auf seinen Platz zu gehen.

Manche Hunde fangen an, ihren Platz oder ihr Spielzeug zu verteidigen.

Wenn er seinen Besitz verteidigt

- Knurrt Ihr Chihuahua, wenn Sie sich seinem Platz nähern, müssen Sie ihm zeigen, dass dieser Platz Ihr Eigentum ist und er ihn nur benutzen kann, weil Sie es ihm erlauben.
- Liegt er an seinem Platz, geben Sie ihm ein Leckerchen und streicheln Sie ihn, während er es frisst. Das weckt in ihm positive Assoziationen, und er freut sich sogar, wenn Sie zu ihm kommen.
- Bieten Sie ihm wieder ein Leckerchen an, aber diesmal so, dass er seinen Platz verlassen muss, um es sich zu holen. Vielleicht klappt diese Übung auch besser mit einem Spielzeug?
- Nach dem Spiel oder dem Leckerchen schicken Sie ihn zurück an seinen Platz, und loben Sie ihn, wenn er sich dort niedergelassen hat.

- Wiederholen Sie die genannten Übungen jeden Tag mehrmals, dann versteht er, dass Sie die Kontrolle über seinen Platz ausüben und jederzeit Zugang haben dürfen.

Spielstunden

- Wenn Ihr Chihuahua beginnt, sein Spielzeug besitzergreifend zu verteidigen, muss er lernen, dass auch sein Spielzeug ausschließlich Ihnen gehört und er nur damit spielen darf, weil Sie ihm dies erlauben.
- Verwahren Sie sein Spielzeug an einem Platz, zu dem er keinen freien Zugang hat.
- Zeigen Sie ihm beim Spiel einen Gegenstand und erlauben Sie ihm, diesen festzuhalten. Dann bieten Sie ihm ein Leckerchen (oder ein anderes Spielzeug) an, damit er das erste gern loslässt. Wiederholen Sie das mehrmals.
- Am Ende der Spielstunde räumen Sie alles Spielzeug weg.
- Üben Sie das oben genannte regelmäßig, und belohnen Sie ihn immer wieder durch ein richtiges Spiel mit einem der Gegenstände. Allmählich akzeptiert er, dass Sie die Kontrolle über sein Spielzeug haben und dass nur gesittetes Verhalten zu einem Spiel führt.

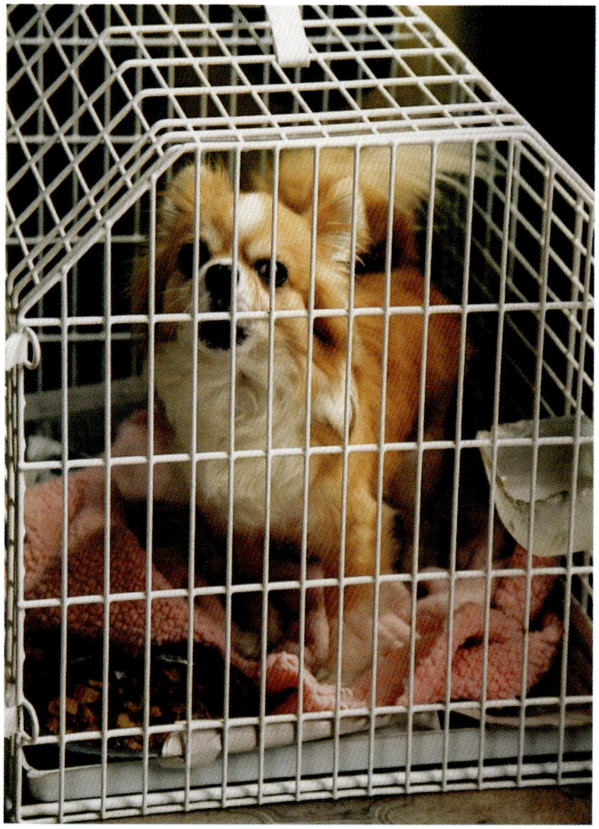

Bellen kann leicht zu einer schlechten Angewohnheit werden.

Übermäßiges Bellen

- Ein besonders selbstbewusster Chihuahua mag vermutlich den Klang seiner Stimme und findet schnell heraus, dass Kläffen ein guter Weg ist, Aufmerksamkeit zu erregen. Dies hat nichts mit dem Bellen eines Hundes zu tun, der unter Trennungsangst leidet (siehe Seite 61).
- Wenn Ihr Chihuahua bellt, damit Sie aufmerksam werden, schimpfen Sie nicht mit ihm, damit er Ruhe gibt – denn dann hat er sein Ziel erreicht!
- Ignorieren Sie sein Gekläff, auch wenn es schwer fällt. Lenken Sie ihn auf bewährte Weise ab und belohnen Sie ihn, wenn er irgendwann von allein Ruhe gibt. Aber das Bellen muss wirklich aufgehört haben, sonst fühlt er sich für sein Gekläff belohnt!
- Nützt das alles nichts, greifen Sie zu einem Abschreckungsmittel, das ihn mitten im Kläffen stoppt. Eine Wasserpistole, mit der Sie ihn plötzlich bespritzen, wirkt Wunder!

Ein Chihuahua kann eine solche Abhängigkeit zu seinem Herrn entwickeln, dass er glaubt, nicht mehr allein bleiben zu können.

- Für einen Moment ist er völlig verdutzt und sozusagen schlagartig »sprachlos«. Wenn er dann ruhig bleibt, loben Sie ihn. Der Trick liegt darin, dass er den Wasserstrahl nicht mit Ihnen in Verbindung bringt, aber die Erfahrung macht, dass etwas Unangenehmes geschieht, wenn er bellt.

Geistige Anregung

- Nur zu oft entwickelt ein Chihuahua unerwünschtes Verhalten, weil er nicht ausgelastet ist: Er langweilt sich! Tun Sie etwas:
- Nehmen Sie ihn im Auto mit, gehen Sie mit ihm in den Park oder nehmen Sie ihn mit zum Einkaufen – alles Dinge, die Abwechslung in sein tägliches Einerlei bringen.
- Spielen Sie regelmäßig mit ihm, lassen Sie ihn Gegenstände apportieren, so oft es geht.
- Machen Sie immer wieder Verhaltensübungen mit ihm, bringen Sie ihm kleine Tricks bei – er wird sie mit Begeisterung vorführen.
- Bürsten und kämmen Sie ihn regelmäßig – er genießt diese Zeit, in der Sie sich ihm ja besonders intensiv widmen, und nebenbei fördert es sein gutes Aussehen.

Trennungsangst

Chihuahuas brauchen die menschliche Gesellschaft, und wenn es nach Ihrem Kleinen ginge, wäre er keine Minute ohne Sie. Dies ist eine besonders liebenswerte Eigenschaft, kann aber leider auch Probleme verursachen. Ganz gleich, wie viel Mühe Sie sich geben – Sie können unmöglich Tag und Nacht ununterbrochen in seiner Nähe sein, deshalb muss er lernen, auch allein zu bleiben.

Ein Hund, der zu stark abhängig von seinem Herrn ist, entwickelt Trennungsangst, wenn er zu Hause allein gelassen wird. Dieser Zustand kann sich verschiedenartig äußern:

- Der Hund fängt an, Dinge im Haus kaputtzumachen.
- Er kläfft oder jault ununterbrochen, während er allein ist.
- Er ist nicht mehr stubenrein.

Keines dieser Probleme ist zu befürchten, wenn Sie ihm von Anfang an zeigen, dass das Alleinsein nichts Schlimmes ist. Beginnen Sie damit sofort nach seiner Ankunft, indem Sie ihn an seine Box gewöhnen (siehe Seite 34).

Wenn dies frühzeitig geschieht, lernt er schon hierdurch, dass er keine Angst haben muss – Sie kommen ja immer wieder. Steigern Sie die Zeitabschnitte, in denen er allein bleiben muss, langsam, so kann er Selbstsicherheit und Selbstvertrauen entwickeln. Wenn Sie dies bei Ihrem Welpen versäumt haben, und Ihr erwachsener Chihuahua leidet unter Trennungsangst, müssen Sie versuchen, auch dies in den Griff zu bekommen. Ihr Hund darf nicht so fixiert auf Sie sein, dass er nicht mehr allein zurechtkommt.

Lehren Sie ihn Selbstvertrauen

- Besorgen Sie sich eine Box – so wissen Sie, dass er sicher aufgehoben ist, während er allein bleibt. Dann kann er auch nichts kaputtmachen – ein weiterer Vorteil – und es ist seiner Stubenreinheit förderlich, da er seine unmittelbare Umgebung instinktiv sauber zu halten versucht, wie an anderer Stelle erläutert.
- Gewöhnen Sie Ihren Chihuahua daran, gern und freiwillig in die Box zu gehen (siehe Seite 34). Bleiben Sie zu Anfang im selben Raum, während Sie ihn nach und nach länger in seine Box sperren.
- Was halten Sie von der Idee, ein festes Kindergitter in der Tür zwischen zwei Räumen anzubringen, so dass er Sie bei offener Tür zwar sehen und hören, Ihnen aber nicht folgen kann? So fühlt er sich vielleicht nicht ganz so verlassen.
- Wenn Sie aus dem Zimmer gehen, lassen Sie

Ein faszinierendes Spielzeug fesselt seine Aufmerksamkeit, solange Sie weg sind.

Chihuahuas lieben Gesellschaft jeder Art – manchmal hilft auch die Anschaffung eines zweiten Hundes gegen Trennungsangst.

Spielzeug in der Box, damit er sich mit irgendetwas beschäftigen kann. Am besten eignen sich Kauspielzeuge, die umso besser riechen und schmecken, je länger er sich damit befasst – jeden normalen Chihuahua wird so etwas stundenlang fesseln.

- Gehen Sie spaßeshalber einige Male für kurze Zeit aus dem Raum, ziehen Sie den Mantel an, rasseln Sie mit den Autoschlüsseln, dann kommen Sie zurück. Er lernt die Anzeichen für Ihr Weggehen, sieht aber auch, dass Sie stets zurückkommen.
- Wenn Sie das Haus verlassen, machen Sie kein großes Theater um ihn. Bleiben Sie ruhig, dann regt auch er sich nicht auf und bekommt keine Angst.
- Bei Ihrer Rückkehr stürzen Sie sich nicht sofort auf ihn, um ihn zu »befreien« – warten Sie noch einige Minuten, dann gehen Sie zu ihm und loben ihn – aber nicht mehr als üblich.

Trennungsangst kann zu einem großen Problem werden, wenn man ihr nicht von Anfang an entgegensteuert. Ist das Kind erst in den Brunnen gefallen, brauchen Sie einige Zeit und viel Geduld, um Ihrem Hund seine Sicherheit und sein Selbstvertrauen zurückzugeben. Geben Sie keinesfalls auf – Sie werden Ihr Ziel sicher erreichen.

Zum guten Schluss

Wenn Sie irgendeines der genannten Probleme trotz aller Übungen nicht in den Griff bekommen, sollten Sie sich vertrauensvoll an einen Fachmann für Hundeverhalten wenden. Vielleicht hat Ihr Tierarzt eine gute Empfehlung!

Kapitel 5

Die Betreuung eines Chihuahuas

Mit zunehmendem Alter ändern sich die Bedürfnisse Ihres Kleinen; Sie sollten seinen Lebensrhythmus, seine Pflege und den Umgang mit ihm nun den Bedürfnissen anpassen, die ein erwachsener Hund hat. Vor dem Erwachsensein durchläuft er aber noch sein Junghund-Stadium, in dem Ihr Chihuahua einige körperliche und wesensmäßige Veränderungen erkennen lässt.

Ihr »Halbstarker«

Die meisen Eltern haben Angst vor der Halbstarken-Phase ihrer Kinder – sie bringt in der Regel Streitereien und Schwierigkeiten mit sich, bis sich die Kinder mit ihrem Reifeprozess abgefunden haben. Tiere machen eine vergleichbare Phase durch, die bei manchen Hunderassen eine ähnliche Herausforderung sein kann wie bei Jugendlichen! Zum Glück sind Chihuahuas hier nicht besonders schwierig, diese Übergangsphase wird oft gar nicht wahrgenommen.

Der Rüde

Nach allgemeiner Auffassung reifen kleine Hunde schneller als große, dies trifft aber beim Chihuahua nicht immer zu. Ein Rüde hat seinen Entwicklungsprozess erst mit 18 Monaten endgültig abgeschlossen, wobei sich seine Halbstarken-Phase in der Regel von 12 bis 18 Monaten hinzieht.

In dieser Zeit sieht er meist nicht besonders gut aus – er hat den Glanz seiner frühen Tage verloren und wirkt unordentlich und schlaksig, er ist kein Welpe mehr, aber auch noch nicht erwachsen. Dies hat bei einem reinen Haushund kaum Bedeutung, kann jedoch einiges an Nerven kosten, wenn Sie ihn ausstellen wollen.

In seinem Verhalten zeigt ein Jungrüde in der Regel keine gravierenden Veränderungen. Er spielt vielleicht ein bisschen herum, gehorcht Ihnen eher widerstrebend, sucht aber nicht die Konfrontation. Haben Sie einfach Geduld mit ihm, sparen Sie nicht an Lob und Belohnung, wenn er sich korrekt verhält.

Wenn Sie ihn nicht ausstellen und nicht mit ihm züchten wollen, ist dies der richtige Zeitpunkt, über eine Kastration nachzudenken. Warten Sie damit aber, bis er voll ausgereift ist – also mit 18 Monaten; eine zu frühe Kastration bricht seine Entwicklung zu früh ab, und das könnte sich auf sein Temperament auswirken.

Der Vorzug der Kastration ist, dass Ihr Chihuahua nicht ständig nach läufigen Hündinnen Ausschau hält und nicht überall durch Beinchenheben eifrig sein Revier markiert.

Erfahrungsgemäß entwickeln Langhaarchihuahuas nach einer Kastration ein dichteres Fell – ein willkommener Nebeneffekt, wenn Sie Ihren Hund gern bürsten! Eher unerwünschte Folge könnte seine Neigung zum Dickwerden sein. Viele kastrierte Hunde nehmen leichter zu, und dem müssten Sie natürlich vorbeugen (siehe Seite 71). Übrigens: Kastrierte Rüden neigen weniger zu Prostataproblemen, und die Gefahr von Hodenkrebs ist ohnehin gebannt.

Das Für und Wider der Kastration sollte mit dem Tierarzt erörtert werden.

Die Hündin

In der Regel sind Hündinnen dann ausgereift, wenn sie ihre erste Läufigkeit überstanden haben. Es gibt riesengroße Unterschiede, wann dies erstmals passiert: einige werden mit 8 Monaten, andere mit 15 Monaten zum ersten Mal heiß.

Trotz der beträchtlichen Umstellung ihres Hormonhaushalts scheinen Hündinnen sozusagen durch ihre Junghundphase zu schlittern, ohne Anlass zur Sorge zu geben. Meistens haben sie auch keine »häßliches Entlein«-Phase wie die Rüden; in der Regel sind sie so süß und herzig wie bisher.

Bei den meisten Rassen wird die Kastration der Hündinnen empfohlen, wenn mit ihnen nicht gezüchtet werden soll; beim Chihuahua ist zumindest Vorsicht geboten. Das Kastrieren einer Hündin ist ein wesentlich schwererer operativer Eingriff als beim Rüden, und man sollte das Für und Wider sorgfältig abwägen. Jede Narkose ist bei einem so kleinen Hund ein Risiko, da ist es noch wichtiger, dass der operierende Tierarzt Erfahrung mit Zwerghunden hat.

Die gesundheitlichen Vorteile sind ein verringertes Risiko für Gesäugetumore und Pyometra (Gebärmuttervereiterung), ihnen stehen die auch bei der Hündin mögliche Neigung zur Fettleibigkeit und die Gefahr von Inkontinenz gegenüber.

Machen Sie sich die Entscheidung nicht leicht; diskutieren Sie die Vorteile und Nachteile vertrauensvoll mit Ihrem Tierarzt.

Hunde aus zweiter Hand?

Verfallen Sie nicht dem Irrglauben, mit der Anschaffung eines erwachsenen Hundes bliebe Ihnen die Mühe der Erziehung und Sozialisierung Ihres Chihuahuas erspart! Dies ist eher die Ausnahme. Ältere Hunde brauchen länger, um sich in ihrem neuen Heim einzuleben, vor allem, wenn sie aus dem Tierheim kommen. Leider landen auch Chihuahuas gelegentlich im Tierheim; sie suchen dringend ein gutes Zuhause. Meist haben sie selbst keine Schuld an ihrem Schicksal – der Besitzer ist gestorben oder nicht mehr in der Lage, sich um den Hund zu kümmern, es gibt auch vierbeinige Scheidungswaisen, oder der Hund ist nach der Ankunft eines Kindes »fünftes Rad am Wagen«.

Manchmal ist ein älterer Hund auch aus ganz einfachem Grund zu haben, z.B. wenn ein Züchter ein gutes Zuhause für einen ehemaligen Ausstellungshund sucht (dem es in einer Familie als Einzelhund natürlich viel besser geht als in einem Zwinger unter vielen).

Wie auch immer: Die Übernahme eines älteren Hundes erfordert besondere Hingabe. Fast immer findet sich der Hund zunächst kaum zurecht. Es braucht Zeit, bis er sich in der

Leider gibt es auch ältere Chihuahuas, die ein neues Zuhause brauchen – oft ohne eigenes Verschulden.

neuen Umgebung orientiert hat, und es dauert noch länger, bis er seinen neuen Menschen voll vertraut. Wenn Sie dies alles in Kauf nehmen, werden Sie dafür hundertfach belohnt!

Sylvia Fresson, die für den Englischen Chihuahua-Klub die Vermittlung von »Chihuahuas in Not« koordiniert, sieht ihre Aufgabe als Verpflichtung, und sie hat ein System entwickelt, soweit irgendmöglich sicherzustellen, dass der neue Platz geeignet ist.

»Bei Anfragen nach einem erwachsenen Chihuahua verschicken wir zunächst einen Fragebogen, ähnlich dem des Battersea Dogs' Home (renommiertes englisches Tierheim, Anm.d. Übers.). So werden wir schon die Leute los, die uns nur unsere Zeit stehlen würden. Die ernsthaften Anfragen behalten wir in der Kartei, und wenn wir einen Notfall übernehmen, versuchen wir anhand der Fragebögen, das am besten geeignete Heim zu finden.

Danach sucht ein Kontrolleur das neue Zuhause auf, und wenn er sein OK gibt, darf der Hund in sein neues Zuhause.«

Die häufigsten Probleme mit denen die neuen Besitzer zu kämpfen haben, sind fehlende Stubenreinheit und mangelhafte Sozialisierung des Hundes.

»Dies betrifft meist Hunde von Leuten, die auf Grund ihres Alters nicht mehr dazu in der Lage waren, den Hund angemessen zu sozialisieren und seine Unsauberkeit schlicht übersehen haben. Es hat sich aber gezeigt, dass auch solche Hunde mit Geduld und Einfühlungsvermögen noch zu erziehen sind.

Einen Chihuahua mit ernsten Verhaltensproblemen, z.B. extremer Nervosität, geben wir nur in eine Pflegestelle zu besonders erfahrenen Hundeleuten. Oft sind die Probleme das Ergebnis schlechter Behandlung oder fehlenden Verständnisses. Bei sorgfältiger Vermittlung sind auch diese Probleme zu überwinden. Diese Hunde werden überaus liebevolle, dankbare Familienmitglieder.«

Einen Hund aus zweiter Hand zu sich zu nehmen, erfordert besondere Hingabe.

HOLLY UND IVY

»Eines trüben, dunklen Nachmittags kurz vor Weihnachten klingelte das Telefon,« erzählt Sylvia Fresson. »Es war ein Tierheim, das wissen wollte, ob uns ein Chihuahua als gestohlen gemeldet war. Ein Chihuahua und ein Yorkshire Terrier waren an einem Zaun angebunden entdeckt und ins behördliche Tierheim gebracht worden. In diesen Tierheimen, die der Polizei unterstellt sind, bleiben aufgegriffene Hunde sieben Tage lang. Hat sich bis dahin kein Besitzer gemeldet, werden sie eingeschläfert.

Die Dame am Telefon hat eine Hundepension und ist sehr aktiv in der Vermittlung älterer Hunde. Sie besucht regelmäßig die behördlichen Tierheime und nimmt so viele Kandidaten mit wie möglich. So entdeckte sie auch den Chihuahua und den Yorkie.

Weil bald Weihnachten war, nannte sie sie Holly (Chi) und Ivy (Yorkie). Beide waren in gutem Zustand, deshalb vermutete sie, die Hunde seien gestohlen oder ausgesetzt worden.

Ich überflog meine Liste der Chihuahua-Interessenten und fand Marilyn und Jackie, die schon am nächsten Tag kamen, um die beiden Mädchen zu holen.«

Marilyn erzählt weiter: »Als wir im Tierheim ankamen, brachte man uns die beiden; sie trugen gestrickte Mäntelchen, weil es so kalt war. Nachdem sie mit Mikrochips versehen und alle Formalitäten erledigt waren, fragte man, ob wir die Mäntelchen mitnehmen und später zurückschicken wollten. Da unser Auto gut geheizt war und die kuschelige Hundedecke bereits auf dem Rücksitz wartete, winkten wir ab.«

Holly (links) und Ivy bekamen ihre zweite Chance.

EIN NEUES LEBEN

»Auf dem Weg nach Hause hielten wir an einem Zoogeschäft und kauften Halsbänder, Leinen, Näpfe und Körbchen (einen für zu Hause und einen für mein Büro). Futter brauchten wir nicht – an dem Tag stand Hühnchen mit Reis und gedünstetem Gemüse auf unserem eigenen Speiseplan.

Vom ersten Moment an war Holly der Boss – sie schüchtert sogar die beiden Staffordshire Bull Terrier meiner Schwester ein!

Ivy ist noch sehr ängstlich und verkraftet Neues nur schwer, aber sie hat ein sehr liebes, süßes Wesen. Holly weiß, dass jeder sie liebt; sie hat ihre Lieblinge in meinem Büro und will ständig auf irgendeinem Schoß gestreichelt werden.

Wir sind so glücklich, dass wir diesen beiden liebenswerten Hunden ein neues Leben schenken konnten.«

Die Versorgung des erwachsenen Chihuahuas

Ernährung

Inzwischen haben Sie sicher herausgefunden, welche Futtersorte Ihrem Chihuahua am besten bekommt. Haben Sie am Anfang spezielles Welpenfutter gegeben, sollte die Futterumstellung nun vollzogen sein. Entsprechende Empfehlungen finden sich auf der Packung.

Erwachsene Chihuahuas brauchen in der Regel zwei Mahlzeiten täglich. Der kleine Magen darf nicht überlastet werden, was mit nur einer Mahlzeit am Tag der Fall wäre. Wundern Sie sich nicht, wenn Ihr Kleiner im Winter mehr braucht – seine Körpertemperatur sinkt bei Kälte schneller als die eines großen Hundes, deshalb braucht er zusätzliche Energie.

Ein ausgewachsener Chihuahua benötigt zwei Mahlzeiten am Tag.

Heikle Fresser

Es gibt zwei Sorten Chihuahuas: die gierigen, die alles fressen, was man ihnen hinstellt, und die zögerlichen, die zu jedem Bissen ermuntert werden müssen.

Leben mehrere Hunde zusammen, gibt es kaum Probleme: sie fressen schon deshalb, weil ihnen sonst andere ihr Futter streitig machen würden – der berühmte Futterneid!

Anders der Einzelhund: er kann es sich leisten, mit seinem Futter zu spielen – und wenn Sie ihm ständig neues anbieten, nur damit er mehr frisst, wird er noch wählerischer.

Heiklen Fressern mischt man am besten etwas besonders Leckeres unters Futter – ein Stück Hühnchen, Wurst oder auch geriebenen Käse.

Der Duft regt seinen Appetit an, und meist leert er seinen Napf dann ganz.

Knochen und anderes Kauspielzeug

Versuchen Sie, seine Zähne sauberzuhalten, vor allem, wenn er überwiegend Weichfutter erhält. Regelmäßiges Zähneputzen ist wichtig (siehe Seite 75), aber ein Knochen, ein Kauspielzeug oder ein harter Hundebisquit tun auch gute Dienste.

Nylon-Knochen und Zahnpflege-Kauartikel eignen sich zum Benagen; haben Sie mehrere Hunde, geben sie solche Dinge nur, wenn die Hunde getrennt sind (sonst ist das Gezänk vorprogrammiert).

Lassen Sie Ihren Hund nie ohne Aufsicht, wenn Sie ihm etwas zu kauen geben!

Chihuahuas brauchen nicht unbedingt viel Auslauf, aber sie sind für jede Abwechslung und geistige Anregung dankbar.

Und wenn er zu dick wird?

Chihuahuas sind lebhaft und bewegen sich flink und energisch. Dennoch: Bei zu viel Futter und zu wenig Auslauf wird auch Ihr Hund unweigerlich zu dick!

Sie tun ihm keinen Gefallen, wenn Sie ihn zu sehr verwöhnen; das Ergebnis ist ein molliges Wesen, das sich kaum mehr bewegen kann und deshalb trübsinnig wird.

Die Auswirkungen auf seine Gesundheit sind weitreichend: Er ist anfälliger für Herzerkrankungen, Diabetes und ähnliches. Und er wird vermutlich nicht sehr alt!

Lassen Sie sich nicht durch diese bettelnden, herzzerreißenden Blicke erweichen – Sie sind verantwortlich für seine Gesundheit und sein Wohlergehen. Auch gelegentliche Leckerchen (zum Beispiel bei den Erziehungsübungen) müssen Sie entsprechend von seinem »normalen« Futter abziehen.

Auslauf und Bewegung

Ihr Chihuahua ist sehr anpassungsfähig, das zeigt sich besonders in seinem Bewegungsbedarf.

Ist er ausgewachsen, macht er jede Wanderung problemlos mit – er ist aber auch zufrieden, wenn er im Garten spielen und alles jagen kann, was sich bewegt.

Einige Chihuahuas lieben lange Spaziergänge, und es ist erstaunlich, welches Tempo und welche Strecken sie mitgehen können, ohne müde zu werden. Wenn sie nur bei ihren Menschen sind!

Können Sie ihm so etwas nicht bieten, muss Ihr Hund sich in Haus und Garten ausreichend bewegen. Regelmäßige Spielstunden im Garten, immer wieder verbunden mit kleinen Geschicklichkeitsübungen (lassen Sie ihn sein Spielzeug apportieren! siehe Seite 54), sind ideal, sie halten ihn körperlich und geistig fit.

Die Haarpflege

Chihuahuas sind, verglichen mit anderen Kleinhunden, die durch ihr reiches, langes Haar auffallen, recht pflegeleicht. Sehen Sie das Bürsten und Kämmen aber nie als lästige Pflicht! Dies sind Momente, in der Sie dem Chihuahua Ihre ungeteilte Aufmerksamkeit schenken, nach der er sich sehnt.

Nutzen Sie die Gelegenheit zu einem gründlichen allgemeinen Gesundheitscheck. Bürsten Sie Ihren Kleinen jeden Tag 10 Minuten, achten Sie dabei auf mögliche Schwellungen, Beulen, Verletzungen, so entdecken Sie Veränderungen schon im Frühstadium – das kann für die Heilungschancen entscheidend sein.

Auch Parasiten wie Flöhe und Zecken entgehen Ihnen dabei nicht (siehe Kapitel 8, Gesundheitsmaßnahmen).

Die meisten Chihuahuas lieben das Bürsten und freuen sich schon auf diesen besonderen Teil ihres Tagesablaufs.

Kurzhaarchihuahua

Es liegt auf der Hand, dass kurzes Haar einfacher zu pflegen ist als langes, aber die tägliche Pflege tut auch dem Kurzhaarchihuahua gut.

Das kurze Haar soll dicht anliegen und glänzen. Die Rute ist etwas länger behaart – sie wird manchmal mit einem Biberschwanz verglichen. Kurzhaarchihuahuas haben manchmal eine angedeutete Halskrause und auch Unterwolle.

Regelmäßige Pflege mit einer Bürste, deren Drahtborsten in einem weichen Gummibett befestigt sind, hält das Haar in Form. Zu Ihrer Erleichterung sollte Ihr Hund dabei auf einem Tisch stehen. Etwas mehr Mühe ist in der Phase des Haarwechsels vonnöten, der erstaunlich stark sein kann und sich über mehrere Wochen hinzieht.

Während dieser Zeit sollten Sie Ihren Hund mit einer kleinen Drahtbürste bürsten, die das tote Haar löst und so den Haarwechsel beschleunigt. Auch eine Gummibürste ist zu empfehlen.

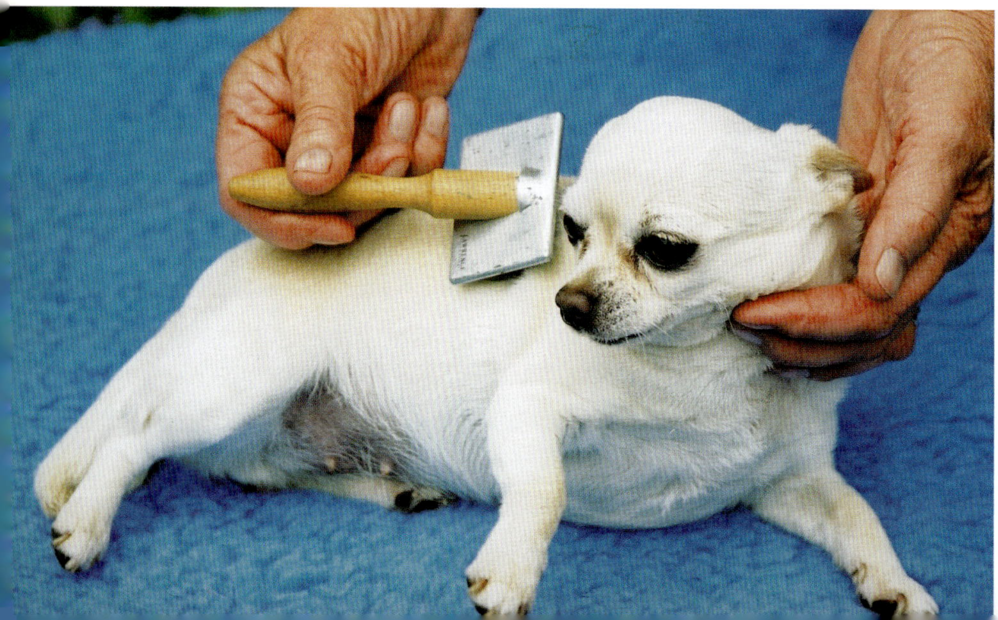

Eine kleine Drahtbürste ist besonders beim Wechsel des kurzen Haars zu empfehlen.

WIE PFLEGE ICH MEINEN LANGHAARCHIHUAHUA?

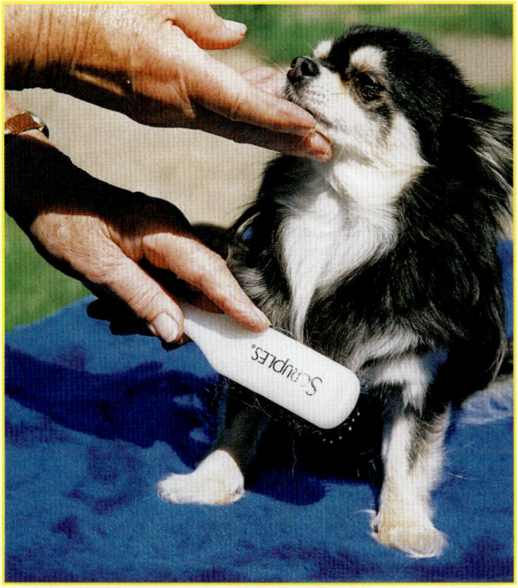

Arbeiten Sie sich zunächst mit einer Bürste mit harten Borsten durch das Haar.

Vergessen Sie auch das Bauchhaar nicht!

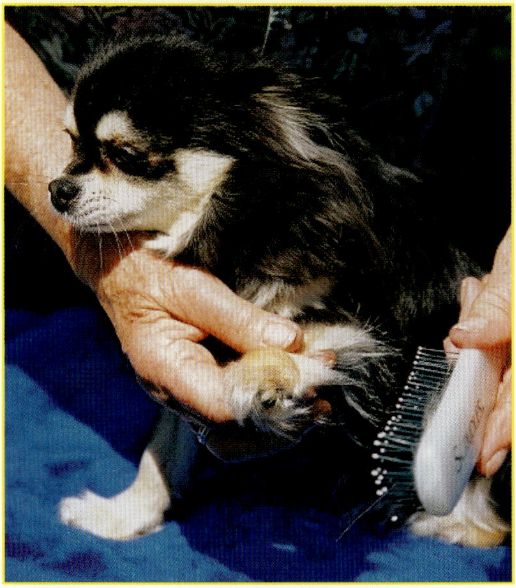

Nehmen Sie eine Pfote nach der anderen hoch und bürsten Sie das lange Haar an den Läufen.

Benutzen Sie danach einen Kamm – so entgehen Ihnen auch die winzigsten Verfilzungen nicht.

Langhaarchihuahua

Mit ungefähr neun Monaten bekommen Langhaarchihuahuas ihr endgültiges Haar. Das korrekte Haar fühlt sich weich an und liegt entweder glatt an oder ist etwas wellig. Es darf weder fest noch gelockt sein! Längere Befederungen finden sich an den Ohren, den Pfoten und den Läufen und an der Rückseite der Oberschenkel. Die Halskrause soll deutlich ausgeprägt sein, die Rute dicht befedert sein und wie eine Fahne wirken.

Natürlich braucht dieses Haar mehr Pflege, deshalb müssen Sie Ihren Welpen schon früh an diese Prozedur und an den Tisch gewöhnen.

- Bearbeiten Sie den ganzen Körper mit einer Naturborsten-Bürste. Arbeiten Sie sich von vorn über den Hals und den Körper bis zur Hinterhand. Gehen Sie immer nach dem gleichen System vor – dann vergessen Sie auch verborgene Stellen nicht.
- Bürsten Sie den Bauch – heben Sie ihn dabei an den Vorderläufen so hoch, dass er nur noch auf den hinteren steht, oder legen Sie ihn auf den Rücken. Zwar ist der Tisch grundsätzlich vorzuziehen, aber dies lässt er auf Ihrem Schoß vielleicht eher mit sich geschehen.
- Widmen Sie sich den Körperteilen mit längerem Haar besonders gründlich; vor allem hinter den Ohren und an den »Hosen« neigt das Haar zu Verfilzungen. Gehen Sie dabei schichtweise vor, um alles Haar bis auf die Haut durchzubürsten.
- Danach wiederholen Sie das Ganze mit einem Kamm, mit dem Sie auch der letzten Verfilzung auf die Spur kommen. Versuchen Sie das Haar so zu entwirren, dass es nicht bricht und es vor allem nicht ziept!

Auch der Langhaarchihuahua macht einen Haarwechsel durch, was besonders ordentliche Hausfrauen zur Verzweiflung treiben kann. Bürsten und kämmen Sie ihn in der Zeit wirklich jeden Tag, dann ist der Schrecken umso eher vorüber.

Baden

Eigentlich reicht tägliches Bürsten zur Säuberung des Fells aus, aber manchmal kommt auch ein Chihuahua nicht um sein Bad herum – vor allem, wenn Sie ihn oft auf dem Schoß oder im Arm haben. Dann muss er sauber sein und darf nicht riechen. Langhaarchihuahuas müssen öfter gebadet werden, vor allem, wenn sie ausgestellt werden (siehe Kapitel 7, Das Idealbild).

Zum Glück ist es kein Poblem, einen so kleinen Hund zu baden; er hat im kleinsten Waschbecken Platz. Es ist ratsam, sich alle Utensilien in griffbereite Nähe zu holen, bevor Sie ihn nass machen!

Vor dem Bad sollten Sie den Hund gründlich durchbürsten; dies entfernt schon einiges an Staub und Schmutz und sorgt beim Langhaarchihuahua dafür, dass er frei von Filz und Knoten ist. Versuchen Sie nicht, Shampoo in verfilztes Haar einzuarbeiten – dann ist alles zu spät!

- Legen Sie eine Gummimatte ins Becken, damit Ihr Hund nicht ausrutscht.
- Befestigen Sie einen Schlauch mit Duschkopf am Wasserhahn, damit Sie den Wasserstrahl und die Temperatur kontrollieren können.

Das Wasser muss handwarm sein!

- Bevor Sie ihn nass machen, stopfen Sie etwas Watte in seine Ohren, damit kein Wasser hineinlaufen kann.
- Durchnässen Sie sein Haar, achten Sie aber darauf, dass der Kopf trocken bleibt.
- Tragen Sie das Shampoo auf, schäumen Sie das Haar gründlich ein. Es muss ein spezielles Hundeshampoo sein, sonst kann die Haut gereizt reagieren. Nicht schlecht ist ein Ungeziefershampoo, falls Sie nicht irgendwelche anderen vorbeugenden Mittel gegen Hautparasiten anwenden (siehe Kapitel 8, Gesundheitsmaßnahmen).
- Spülen Sie das Haar gründlich aus, es dürfen keine Shampooreste zurückbleiben.
- Nun können Sie bei Bedarf eine Pflegelotion ins Haar geben. Verdünnen Sie das Konzentrat mit Wasser und gießen Sie es auf das Haar.
- Spülen Sie gründlich nach und drücken Sie das Haar mit einem Handtuch so gut wie möglich aus.
- Heben Sie ihn ins Handtuch eingewickelt aus dem Becken und tragen Sie ihn irgendwo hin, wo er sich gefahrlos schütteln kann.
- Trocknen Sie Ihren Hund mit Handtüchern ab, so gut es geht; hat er langes Haar, dürfen Sie nicht rubbeln, sonst verknotet es! Einfacher ist das Ganze mit einem auf niedriger Stufe eingestellten Föhn, und es geht auch schneller.
- Bürsten Sie das Haar beim Föhnen! Das kann besonders bei langem Haar einige Zeit in Anspruch nehmen, weil Sie sich lagenweise vorarbeiten müssen, dafür liegt das Haar danach aber genau so, wie es soll.

Zahnpflege

Zwerghunde haben manchmal kein besonders gutes Gebiss. Oft stehen die Zähne kreuz und quer im Kiefer, haben nur kurze Wurzeln und fallen deshalb in relativ frühem Alter aus. Umso wichtiger ist eine regelmäßige vorbeugende Zahnpflege.

Ab dem Alter von vier Monaten geht bei Hunden der Umzahnungsprozess vonstatten; d.h. die Milchzähne fallen aus, während die bleibenden kommen. Damit dies wirklich reibungslos abläuft, ist die ständige Kontrolle des Welpengebisses unerlässlich, auch wenn der Fang zu dieser Zeit wund und empfindlich ist. Manchmal fallen die Milchzähne nicht von allein aus und die neuen haben keinen Platz im Kiefer.

Auch Zahnpflege sollte zur täglichen Routine gehören.

Im Zweifel bitten Sie Ihren Tierarzt um einen prüfenden Blick! Heutzutage bekommen fast alle Hunde weiches Futter, das alles Notwendige enthält. Dies hat viele Vorteile (siehe Seite 70), bedeutet aber auch, dass die Zähne nicht besonders viel zu tun bekommen. Als Folge bilden sich zunächst Zahnbeläge, dann Zahnstein, es kommt zu Zahnfleischentzündungen und Karies. Zähneputzen ist deshalb ein Muss, und je früher Ihr Chihuahua sich daran gewöhnt, desto besser. Es gibt vielerlei Sorten Zahnpasta für Hunde, sogar mit Fleischgeschmack.

- Bringen Sie Ihrem Chihuahua zunächst bei, sich willig den Fang öffnen zu lassen (siehe S. 40, Wie fasse ich ihn an?). Klappt es, belohnen Sie ihn.
- Halten Sie ihm den Fang für einige Zeit auf, ermuntern Sie ihn, dabei ruhig sitzen zu bleiben. Belohnung!
- Geben Sie etwas Zahnpasta auf Ihren Zeigefinger und reiben Sie damit über die Hundezähne. Wenn Sie Glück haben, mag er den Geschmack und sieht das Ganze als erfreuliche Abwechslung und Zuwendung. Vergessen Sie das Loben nicht!
- Für das richtige Putzen benutzen Sie eine kleine Bürste mit langem Stiel oder eine Fingerbürste. Geben Sie etwas Zahnpasta darauf und bürsten Sie von oben nach unten und umgekehrt.
- Unterbrechen Sie Ihre Arbeit am Anfang immer wieder für eine kleine Belohnung. Mit der Zeit gewöhnt sich Ihr Kleiner an die Prozedur und erwartet seine Belohnung erst, wenn Sie fertig sind.

Ohrpflege

Chihuahuas haben große, aufrecht stehende Ohren; deshalb sind sie – anders als bei hängeohrigen Hunden – stets gut belüftet und Ohrprobleme eher die Ausnahme. Sehen Sie regelmäßig nach, ob die Ohren frei von Schmutz, Absonderungen und unangenehmem Geruch sind. Ist das Ohrinnere rot oder entzündet, kratzt sich Ihr Hund daran und schüttelt den Kopf, müssen Sie zum Tierarzt! Ist das Ohr nur etwas schmutzig, können Sie es mit einem feuchten Wattebausch auswischen. Seien Sie dabei aber besonders vorsichtig, sonst hat das Ganze den gegenteiligen Effekt – das Reiben führt zu Reizungen oder Schlimmerem! Dringen Sie nie mit Wattestäbchen in den Gehörgang ein, das kann zu inneren Verletzungen führen.

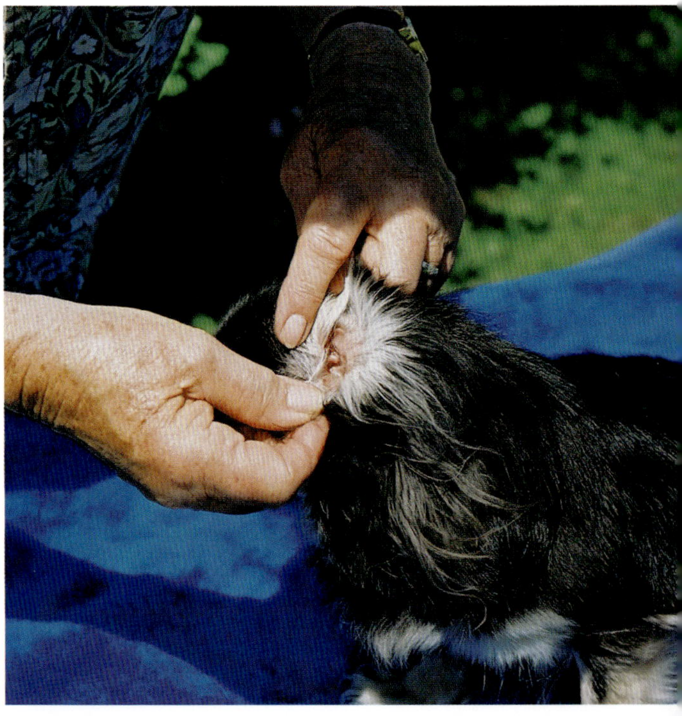

Kontrollieren Sie, ob die Ohren sauber sind und nicht unangenehm riechen.

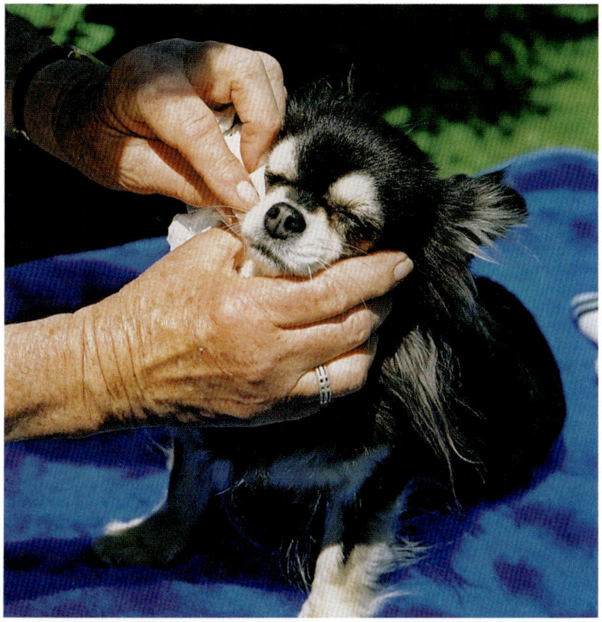

Die Augen können mit einem feuchten Wattebausch gereinigt werden.

Die Augen

Die großen Augen Ihres Chihuahuas sollten leuchten und glänzen. Stellen Sie Sekret, Rötungen oder Entzündungen fest, müssen Sie sofort zum Tierarzt. Einige Chihuahuas neigen zu braunen Verfärbungen unter den Augen. Dies kann von einem verstopften Tränenkanal herrühren: Die Tränenflüssigkeit kann nicht auf natürlichem Weg abfließen und läuft nach außen. Dagegen kann der Tierarzt etwas tun.

Bei manchen Zwerghunden sind die Tränenkanäle einfach zu eng, damit muss man sich abfinden. Die Spuren sieht man bei hellhaarigen Hunden natürlich deutlich. Es gibt verschiedene Mittel, mit denen man die Verfärbungen entfernen oder mildern kann; Sie müssen herausfinden, was bei Ihrem Hund wirkt. Oft bleibt nichts anderes übrig, als sie in Kauf zu nehmen!

Die Krallen

Chihuahuas haben kleine, zierliche Pfoten, und die Krallen sollten kurz gehalten werden. Dies müssen Sie in die Hand nehmen, denn selbst bei viel Bewegung auf hartem Untergrund ist ein Chihuahua zu leicht, um sich die Krallen von

Zum Kürzen der Krallen gibt es spezielle Krallenzangen.

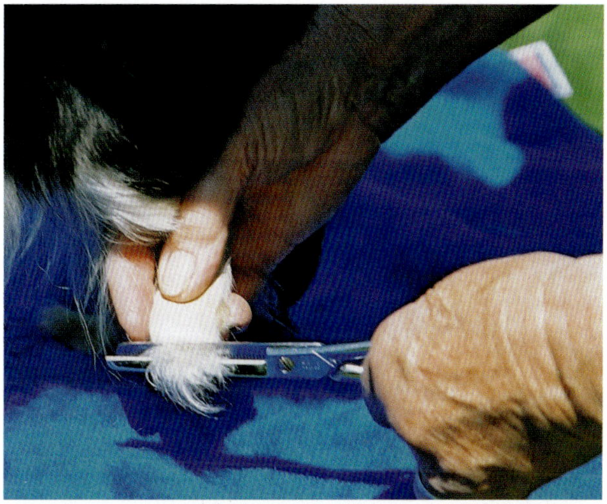

Beim Langhaarchihuahua ist es bei sehr starkem Haarwuchs ratsam, das überstehende Haar um die Pfoten zu kürzen.

Mit dem Alter ändern sich auch seine Bedürfnisse.

selbst abzuwetzen. Schon Saugwelpen haben so spitze Krallen, dass sie das Gesäuge ihrer Mutter arg zerkratzen können. Deshalb kürzt der Züchter die Krallen seiner Welpen schon frühzeitig mit einer Nagelschere. Wenn Sie dies bei Ihrem Welpen stets beibehalten, macht es ihm vermutlich nichts aus. Schneiden Sie regelmäßig ein kleines Stück, das ist besser, als zu warten, bis die Nägel sehr lang sind – in der Zeit hat der Kleine das Krallenschneiden wieder verlernt.

Werden die Krallen mit zunehmendem Alter härter, versuchen Sie es mit einer Krallenzange. Achten Sie stets darauf, nicht ins Leben zu schneiden. Dies ist zwar kein Unglück, tut aber weh und die Kralle blutet – und fortan verbindet Ihr Chihuahua das Krallenschneiden mit Schmerzen. Was das für die Zukunft bedeutet, muss nicht erläutert werden! Bei Hunden mit hellem Haar und ebensolchen Krallen sehen Sie deutlich, wo Sie schneiden dürfen, bei dunklen ist es unmöglich – doppelte Vorsicht ist geboten. Wenn Sie sich nicht sicher sind, sollten Sie sich das Krallenschneiden vom Fachmann zeigen lassen.

Der Chihuahua im Alter

Chihuahuas sind zum Glück langlebig, manche werden weit über 10 Jahre alt. Erfahrungsgemäß altern kleine Hunde langsamer als große, schwere; deshalb sieht man vielen Chihuahuas selbst ein hohes Alter kaum an. Dennoch ist auch Ihr Chihuahua unweigerlich irgendwann alt, und Sie müssen sich auf seine veränderten Bedürfnisse einstellen.

Was die Bewegung angeht, ändert sich vermutlich wenig, wenn Ihr Hund nicht ein besonders ausdauernder Wanderer war. Für die meisten alten Hunde reicht regelmäßiger Auslauf im Garten völlig aus. Ihre Lieblingsbeschäftigung ist, sich hinzulegen und zu beobachten, was draußen in der Welt vorgeht, und nur dann aufzuspringen und zu bellen, wenn sich irgendjemand nähert. Legen Sie Ihrem alten Hund eine Decke an eine geschützte Stelle im Garten, damit er auch draußen einen warmen Liegeplatz hat. Auch wenn er nicht mehr so viel Bewegung braucht, sollten Sie ihn nicht zu Hause zurücklassen. Machen Sie kurze Gänge mit ihm, nehmen Sie ihn im Auto mit, damit er sich nicht

OTTO DER GROSSE

Otto ist ein Beispiel dafür, wie man immer wieder auf die Füße fällt. Er kam mit sechs Monaten zu Brenda Hayes – und dort ist er mit nunmehr 19 Jahren immer noch ...

Brenda und ihr Mann Mike halten seit den Sechzigern Chihuahuas, im Moment teilen Sie ihr Leben mit sechs Chis, einem Border Collie und etwa 200 Vögeln. Sie betreiben ein Tierheim für Vögel und kümmern sich um Hühner, Perlhühner, Pfauen – um jeden Vogel, der einen guten Platz braucht.

Es besteht aber nicht der geringste Zweifel, wer in dieser Riesenmeute das Zepter in der Hand hat – es ist Otto!

Mit seinen 19 Jahren ist Otto bemerkenswert flink auf den Beinen, er hat sogar noch alle Zähne. Er liebt das geschäftige Treiben und ist Brenda treu ergeben.

»Als Otto zu uns kam«, erzählt Brenda, »war er misstrauisch und unsicher. Seine Vorbesitzer hatten sich getrennt, niemand wollte ihn. Ich vermute, man hat ihn nicht gut behandelt!

DIE ERSTE ZEIT

Ich erklärte mich bereit, ihn aufzunehmen, bis ein neues Zuhause für ihn gefunden war – und dann habe ich mich einfach in ihn verliebt. Mir war klar, dass er jemanden brauchte, der ihn wirklich verstand.«

Von Anfang an beschloss Otto, dass Brenda SEINE Auserwählte war. Mike wurde geduldet, aber für Otto zählte nur eine Person wirklich. Er akzeptierte die anderen Chihuahuas, war aber lieber für sich.

Brenda: »Als er jung war, kuschelte sich Otto am liebsten auf dem Sofa in eine Schachtel mit Pyjamas. Aber jetzt ist er umgezogen: Er hat den Wäscheschrank unter der Treppe entdeckt – der ist jetzt seine Höhle. Darin frisst und schläft er, und die anderen Hunde dürfen nur mit seiner ausdrücklichen Genehmigung hinein. Wir nennen das sein *beschütztes Wohnen*.

DER LEITHUND

In jungen Jahren war Otto eindeutig Rudelführer, und die anderen Chis haben immer noch großen Respekt vor ihm. Er hatte stets ein Auge auf Hundedamen und merkt auch heute noch sofort, wenn eine von ihnen läufig ist.

Otto – mit 19 noch in guter Verfassung.

→

OTTO DER GROSSE

←

Otto leidet an Arthritis und hört schlecht, hat aber noch großes Interesse an seiner Umwelt.

Ich lasse ihn tun, was er möchte. Er schläft, wann er will, er geht in den Garten, wenn er sich danach fühlt. Er bekommt Leckerchen zu seinem Futter, und wenn es nicht pünktlich im Napf ist, protestiert er mit Gebell!

Wir leben nur von einem Tag zum anderen, und wenn seine Zeit gekommen ist, sehe ich es sofort. Er ist nicht einfach, aber er war mir sein Leben lang so treu ergeben – kann ein Hund mehr schenken?«

Brenda und Otto haben ein ganz besonderes Verhältnis zueinander.

ausgeschlossen fühlt – auch wenn er von sich aus keine große Aktivität mehr zeigt.

Alte Hunde brauchen ein anderes Futter. Kein Chihuahua sollte zu viel auf einmal erhalten, dies gilt umso mehr für den alten Hund. Füttern Sie nun drei kleine Mahlzeiten am Tag – seinem mit der Zeit immer langsamer werdenden Stoffwechsel angepasst. Es gibt zahlreiche Futtersorten speziell für alte Hunde, auf eine davon sollten Sie Ihren Hund umstellen, wenn Sie ihm etwas Gutes tun wollen.

Achten Sie bei Ihrem alten Hund besonders sorgfältig auf Veränderungen am Gebiss! Beim geringsten Anzeichen von Karies oder Entzündungen bringen Sie ihn zum Tierarzt – schlechte Zähne können ernste Erkrankungen nach sich ziehen. Und die Zähne sind bei Zwerghunden nun einmal besonders anfällig.

In jeder anderen Hinsicht gibt auch der alte Chihuahua kaum Anlass zur Sorge, vorausgesetzt, er hat ein warmes Kuschelbett und bekommt jede Menge Zuwendung.

Euthanasie

Manche Hunde sterben im Schlaf, aber in der Mehrzahl der Fälle muss der Besitzer entscheiden, wann sein Chihuahua keine Freude mehr am Leben hat. Das ist die härteste Entscheidung, die man als Hundebesitzer treffen muss, sie ist aber unvermeidlich. Es zeugt nicht von Tierliebe, wenn ein Hund sich quälen, Schmerzen haben, seine Würde verlieren muss, nur weil Sie es nicht über sich bringen, Abschied zu nehmen. Wenn es soweit ist, bitten Sie den Tierarzt, zu Ihnen ins Haus zu kommen, damit Ihr Liebling in gewohnter Umgebung in den Armen des Menschen einschlafen kann, der immer für ihn da war. Mit der Zeit überwinden Sie Ihren Kummer und erinnern sich an die glückliche Zeit, die Sie mir Ihrem Hund verbringen durften. Halten Sie sein Andenken in Ehren, machen Sie ihm das größte Kompliment: Schaffen Sie sich wieder einen Chihuahua an ...

SCHLAF GUT, SÜSSER PRINZ

Als Faith Maloneys geliebter Chihuahua unheilbar an Leberkrebs erkrankte, hielt sie es für das Beste, ihn einschläfern zu lassen. So rang sie sich zu dieser schweren Entscheidung durch:

»Prinz war schon zwei, als ich ihn zu mir nahm. Er war ein winziger, keine drei Kilogramm schwerer schwarzer Chihuahua, der von seinem älteren Vorbesitzer nicht mehr versorgt werden konnte. Man brachte ihn in ein Tierheim, das Hunde, die ein neues Zuhause brauchten, im Fernsehen vorstellte. Es kamen so viele Anfragen, dass sein neuer Besitzer ausgelost werden musste – und ich war der glückliche Gewinner!

Prinz war mein erster Chihuahua und ich wusste noch nicht viel über die Rasse. Ich suchte aber einen kleinen Hund, und er erschien mir ideal. Prinz war wohlerzogen, hatte ein entzückendes Wesen, und wir waren von Anfang an die besten Freunde. Prinz wich schon bald nicht mehr von meiner Seite, und wir verbrachten viele glückliche Jahre gemeinsam.

Kurz nachdem sein Leberkrebs diagnostiziert war, verschlechterte sich sein Zustand rapide. Er starb einfach vor sich hin!

Mein Tierarzt erklärte mir, dass man nichts mehr für ihn tun konnte. Ich musste entscheiden, ob er eingeschläfert werden sollte.

Mir war klar, dass Prinz nicht mehr lange leben würde. Euthanasie war nichts Neues für mich, aber diesmal war alles anders. Dieser kleine Hund hatte mein Leben stark beeinflusst, und ich wollte mich nicht von ihm trennen. Er sollte so lange wie möglich bei mir bleiben! Tief in meinem Inneren wusste ich, dass er dann länger leiden musste. Ich nahm Prinz in meine Arme und fragte ihn:'Was soll ich tun? Ich liebe dich so sehr. Du darfst nicht gehen.'

Ich weiß nicht, ob ich wirklich auf Antwort wartete, aber Prinz sah mich an. Sein Blick sagte: 'Meine Zeit ist gekommen. Ich bin bereit. Lass mich nicht nur deinetwegen am Leben.'

Vermutlich habe ich mir das alles nur eingebildet; aber das Gefühl des innigen Kontaktes zu meinem wunderbaren Hund war so intensiv, dass ich nun meine Entscheidung treffen konnte.

Sofort danach rief ich den Tierarzt an – Prinz sollte keine Minute länger leiden. Sein Tod war ein schwerer Schlag für mich, aber das verging mit der Zeit, weil ich das Richtige getan hatte.

Tiere lehren uns bedingungslose Liebe und Treue, sie machen uns zu besseren Menschen. Unsere Pflicht ist es, ihnen unnötige Leiden zu ersparen, und deshalb musste ich Prinz gehen lassen – so schwer es für mich war, es war das Beste für ihn.

Nach Prinz habe ich viele Chihuahuas gehabt, aber er wird immer einen ganz besonderen Platz in meinem Herzen haben.«

Prinz: Ein wunderbarer Hund – Faith wusste genau, wann seine Zeit gekommen war.

Floating

Kapitel 6

Der vielseitige Chihuahua

Seit alters her sah man im Chihuahua den reinen Begleithund, dessen einziges Glück es war, die Zeit auf dem Schoß seines geliebten Besitzers zu verbringen. Aber trotz seiner geringen Größe hat der Chihuahua jede Menge Persönlichkeit, und seine Intelligenz und seine freundliche Natur prädestinieren ihn für jede Art der Ausbildung.

Die Auswahl der Aktivitäten, für die Chihuahuas geeignet sind, ist nicht so begrenzt, wie Sie glauben mögen. Viele Arten des Hundesports können auch von kleinen Hunden ausgeübt werden! Sie sind inzwischen so vielfältig, dass für fast jeden Hund etwas dabei ist; was Sie machen, hängt letztlich von Ihrer Vorliebe und Ihrer Zeit sowie dem Alter und der Kondition Ihres Hundes ab.

Wenn Sie dieses Kapitel gelesen haben, ist der erste Schritt auf dem Weg zu jede Menge Spaß und Vergnügen mit Ihrem Chiuahua getan.

Der alltagstaugliche Begleithund

Jeder, der die Welpenerziehung und -sozialisierung seines Chihuahuas intensivieren möchte, kann Kurse mitmachen, in denen sein Hund unter fachmännischer Anleitung entsprechend ausgebildet wird. In England und den USA gibt es Ausbildungsprogramme, in denen Hunde sogar Auszeichnungen erringen können; alle haben letztlich das gleiche Ziel: Der Öffentlichkeit wohlerzogene Hunde in der Hand verantwortungsbewusster Halter zu präsentieren. Hierzu ist notwendig, dass der Hund sich auf Grund von guter Sozialisierung und vernünftigen Trainings in allen möglichen Alltagssituationen angemessen und sicher verhält. Ein wirklich alltagstauglicher Begleithund muss unter anderem

- sich ohne Widerstreben anfassen und bürsten lassen
- die Grundkommandos befolgen

DANNY KANN ALLES

Die Engländerin Pat Cullen hat mit ihrem Chihuahua Danny beim »Good Citizen Scheme« des englischen Kennel Clubs höchste Auszeichnungen errungen und gezeigt, dass Chihuahuas einfach zu allem fähig sind. Nach den Abzeichen in Bronze und Silber hat sie Danny zum goldenen Abzeichen für ganz Fortgeschrittene geführt. Folgende Übungen musste er fehlerfrei bewältigen:

- An der Leine die Straße entlanglaufen
- An die Seite seines Führers zurückkehren
- Frei neben seinem Führer her laufen
- An einer Stelle liegen bleiben
- An seinen Platz gehen, wenn er dort hin geschickt wird
- Anhalten (und sich unaufgefordert sofort hinlegen)
- Ruhig bleiben, wenn er allein ist
- Sich am Futternapf gesittet verhalten

Pat lebt in Lymington und ist seit 1983 mit Chihuahuas verbunden, als sie ihren Zwinger »Culcia« gründete. Sie hat etliche Würfe gezüchtet und war auch im Ausstellungsring erfolgreich.

Danny, ein langhaariger roter Rüde, sah als Welpe viel versprechend aus, mit sechs Monaten war er jedoch schon zu groß für Ausstellungen.

Pat erklärt: »Ich fand es eine Schande, nur deshalb nichts mehr mit ihm zu machen, weil er zu groß war, deshalb schloss ich mich einem Hundeverein an. Dort waren viele Rassen vertreten – Danny war bei weitem der Kleinste! Das hat ihn aber in keiner Weise gekümmert; er ist sehr freundlich, er sieht in keinem Hund der Welt einen Feind. Er stand im Mittelpunkt des Interesses, und er war in seinem Element.«

Beim Training erwies sich Danny als äußerst lernfähig.

»Er ist so clever; er begreift alles im Handumdrehen. Seine Leckerchen zur Belohnung sind für ihn das Größte – er tut alles allein für sein Futter.«

Danny zeigt gern, was er kann.

Danny errang höchste Auszeichnungen für seine Arbeit.

Danny bewältigte mühelos alle Kurse auf Bronze- und Silber-Ebene, deshalb beschloss Pat, das höchste, das goldene Abzeichen in Angriff zu nehmen.

»Wir hatten nur einmal ein Problem – als es während einer Trainingseinheit regnete. Ich mußte Danny *Platz* befehlen, aber er weigerte sich beharrlich, weil ihm das Gras zu nass war. Schließlich durfte ich eine Matte holen, und er befolgte mein Kommando sofort.«

Dannys Lieblingsübung ist das Apportieren (obwohl keine Pflichtübung). Pat hat ihm beigebracht, ein kleines Bringholz zu apportieren, das leicht genug für ihn ist. Er ist hellauf begeistert!

»Wir haben an einer Trainingsgruppe teilgenommen, die überwiegend aus Labrador und Golden Retrievern besteht, und deren Hunde alle noch nicht apportieren konnten. Die Trainerin sagte schließlich: 'Einen Hund haben wir hier, der sicher apportiert', und bat mich (und Danny) um eine Demonstration. Er machte es super und erntete donnernden Applaus!«

Pat hat mit Danny an etlichen Wettbewerben teilgenommen, aber das Erreichte genügt ihr.

»Das Problem ist, dass Danny so freundlich ist! Wenn er von der Leine gelassen wird, kann er es einfach nicht lassen: Er muss jeden um sich herum erst wedelnd begrüßen, und wenn er ein Kind sieht, gibt es für ihn kein Halten mehr.«

Danny ist nicht der einzige Chihuahua, der erfolgreich am »Good-Citizen-Scheme« teilnimmt. Der von Pam Kennedy-Minands trainierte Nicky folgte seinen Spuren und errang ein Jahr später sein goldenes Abzeichen.

»Chihuahuas lieben es, ihren Verstand einzusetzen. Warum sollten ihnen ihre Besitzer dieses Vergnügen vorenthalten, nur weil sie klein sind? Es ist doch toll, dass man sich mit einem gut erzogenen Hund wirklich überall sehen lassen kann.«

- anderen Hunden instinktsicher begegnen
- an lockerer Leine laufen, ohne zu ziehen
- sich auch in einer Menschenmenge sicher bewegen
- mit Selbstvertrauen und Ruhe auf unbekannte oder verwirrende Situationen reagieren
- es zulassen, dass sich Fremde nähern und ihn anfassen

Wenn Sie Ihren Welpen, wie in den vorigen Kapiteln beschrieben, sozialisiert und erzogen haben, sollte ihm das Genannte nicht schwer fallen. Auch Hundevereine bieten entsprechendes Training für Hunde aller Alters- und Entwicklungsstufen an.

Obedience

Die Übersetzung lautet »Gehorsam«. Dies ist eine Hundesportart, die ihren Ursprung in Amerika hat, aber nun auch in Europa immer beliebter wird. Es gibt Wettbewerbe und sogar Obedience-Meisterschaften. Chihuahuas sind zwar noch recht unbekannte Obedience-Hunde, es gibt aber keinen Grund, warum sie nicht teilnehmen sollten. Sie sind aufmerksam und hochintelligent – also perfekt für Obedience.

Dennoch ist ihre Ausbildung nicht einfach, sie erfordert viel Hingabe und Geduld. Wenn Sie sehr ehrgeizig sind und stets und überall am liebsten die Nummer eins sind, sollten Sie sich für eine andere Rasse entscheiden. Wenn das Siegen aber nicht Ihr Ein und Alles ist und Ihr Hauptziel gemäß dem Motto »Dabei sein ist alles« ist, einen wohlerzogenen Hund um sich zu haben, dann könnte Obedience für Sie und

Das Wegschicken eines Hundes, bei dem der Hund seinen Führer verlassen und sich zu einer bestimmten Stelle begeben muss, wird manchmal mit einer Matte geübt, an der sich der Hund orientiert.

Ihren Chihuahua ein Riesenvergnügen sein. Ist Ihr Interesse geweckt, sollten Sie sich einem Verein anschließen, der Obedience-Training anbietet.

Der nationale kynologische Verband Ihres Landes hilft Ihnen bei der Suche.

Die Übungen

Die Übungen in Obedience-Wettbewerben können sich je nach Land etwas unterscheiden, die folgenden Grundübungen sind überall gleich – wobei nur die Freifolge und das Kommen auf Befehl für Anfänger gedacht sind, der Rest ist für Fortgeschrittene.

Freifolge: Ihr Hund muss mit und ohne Leine an Ihrer linken Seite laufen, wobei sich sein Kopf stets auf der Höhe Ihres Beins befinden muss, und jeden Richtungswechsel (rechts herum, links herum, hin und zurück) mitgehen. Kann er das sicher, dürfen Sie damit beginnen, Ihre Laufgeschwindigkeit zu variieren.

Kommen auf Befehl: Diese Übung kann man mit fortschreitendem Training schwieriger machen. Als Anfangsübung befehlen Sie Ihrem Chihuahua »Sitz!« und entfernen sich von ihm. Wenn Sie ihn dann rufen, muss er kommen, sich zunächst vor Sie setzen und dann an Ihre linke Seite bewegen.

Bringen auf Anweisung: Der Hund muss ein Bringholz apportieren (oder für Fortgeschrittene: jeden beliebigen Gegenstand), das sein Führer geworfen hat. Er muss warten, bis das Kommando »Hol« ertönt, dann hinterherlaufen, das Bringholz sicher aufnehmen und zu Ihnen zurückkehren. Er muss sich vor Sie setzen und Ihnen den Gegenstand willig überlassen. Dann bewegt er sich an Ihre linke Seite.

Kontrolle auf Distanz: Der Hund befindet sich in einiger Entfernung von seinem Führer und muss etliche Kommandos befolgen, die ihm mit Worten oder durch Handbewegungen gegeben

HARLEY, EIN ARBEITENDER CHIHUAHUA

Die Amerikanerin Margie Ferguson hatte stets große Hunde – Deutsche Schäferhunde – ihr Eigen genannt. Nachdem sie mit ihrem ersten kleinen Hund, einem Welsh Corgi Pembroke, große Erfolge bei Obedience-Wettbewerben feiern konnte, beschloss sie, dass ihre nächste Rasse noch kleiner sein sollte – und zwar die kleinste der Welt! Sie berichtet:

»Nach dem Tod meines Corgis Brett lebte ich einige Jahre ohne Hund und Hundesport. Mir fehlte ein vierbeiniger Gefährte aber so sehr, dass ich begann, mich über andere Rassen zu informieren. Ich entschied mich schnell für einen Chihuahua: Er würde bestens in mein Leben passen, und außerdem sah ich es als eine Herausforderung, einen so kleinen Hund auszubilden. Harley, mein erster Chihuahua, ist jetzt zwei Jahre.

An der Ausbildung von Hunden habe ich schon seit meiner Kindheit Interesse. Anfangs wünschte ich mir, Blindenhunde auszubilden, das war aber in meiner näheren Umgebung nicht möglich. Stattdessen stürzte ich mich auf das Obedience-Training, und schon kurz danach hatte mich das Wettkampffieber gepackt.

TÄGLICHE ÜBUNGEN

Als Harley kam, hatte ich schon einige Erfahrung in der Hundeausbildung, deshalb war es nicht allzu schwierig, ihn in diese Richtung zu bringen. Ich glaube, man muss so früh wie möglich mit dem Training beginnen. Die Einheiten müssen gar nicht lang und streng sein, besser sind immer wieder plötzlich eingestreute kurze Übungen. So wird das Lernen für Ihren Hund zum Bestandteil des täglichen Lebens; und gesittetes Verhalten ist für ihn selbstverständlich. Außerdem wird die Beziehung zwischen Hund und Herrn so besonders eng.

Zu Anfang war Harley recht zögerlich und unsicher, das Training machte ihn irgendwie nervös. Dennoch hatte er eines im Überfluss: Mut! Er arbeitete mit mir, ganz gleich, was geschah, und mit der Zeit wurde er selbstsicherer. Er hatte ein besonderes Talent für die Freifolge. Sein Bedürfnis, stets so nahe wie möglich bei mir zu sein, war dieser Übung sehr förderlich. Inzwischen hat Harley großen Spaß an allem und seine Motivation wird immer größer.

Mit einer Übung hatten wir Probleme: Dem Kommen auf Anweisung. Harley verstand genau, was er sollte, aber er befolgte sie im Zeitlupentempo. Er sah nicht ein, warum er sich beeilen sollte! Der Knoten platzte zufällig bei unserem wöchentlichen Training: Wir übten das paarweise Kommen – im Wettlauf Hund gegen Hund. Der einzige andere kleine Hund war Gus, ein Corgi, dessen Schnelligkeit sprichwörtlich war – mit ihm sollte Harley laufen.

Schon beim ersten Versuch rannte Gus in gewohnter Weise zu seinem Besitzer, aber dann kam Harley – seine Reaktion war sensationell! In dem Moment, als er Gus lossprinten sah,

Harley tut sich besonders bei Obedience-Wettbewerben hervor.

→

HARLEY, EIN ARBEITENDER CHIHUAHUA

←

flitzte Harley los – er schaffte die Strecke in drei Sekunden! Der Anblick mit seinem langen fliegenden Haar war filmreif. Seit diesem Erlebnis kommt Harley stets herbeigeflogen – ganz gleich, ob er einen Konkurrenten hat oder nicht.

EIN GROSSER ERFOLG

Harley hat an zwei großen Obedience-Wettkämpfen teilgenommen, die sich über jeweils drei Tage erstreckten. Er errang Titel und Auszeichnungen des American Kennel Clubs, und seine Obedience-Ergebnisse wurden mit jeder Prüfung besser. Harley war der einzige Chihuahua, der teilnahm. Sein größter Erfolg waren sicherlich die fantastischen 193 Punkte von 200 möglichen auf seiner letzten Obedience-Prüfung!

Ich sehe keinen vernünftigen Grund, warum ein Chihuahua nicht ebenso wie jeder große Hund Obedience machen sollte – nur das Training muss etwas anders gestaltet werden.

Einem großen Hund macht es gar nichts, wenn er gelegentlich ausgeschimpft wird – Harley würde das völlig niederschmettern.

Wenn Harley mit einer Übung Schwierigkeiten hat, lasse ich sie einfach aus und kehre erst einige Zeit später zu ihr zurück – das ist viel besser, als stur darauf zu beharren. Er würde all sein Selbstvertrauen und seine Motivation verlieren. Stattdessen lobe ich ihn bei jeder Gelegenheit und versuche, jede Übung für ihn zum Vergnügen werden zu lassen. Das wirkt bei Harley hervorragend!

Obwohl Chihuahuas in der Regel nicht schüchtern sind, profitieren sie auch im normalen Leben enorm vom Obedience-Training. Sie sind ständig von größeren Hunden umgeben – jeder andere Hund ist größer als ein Chihuahua! – und lernen, sich angstfrei unter ihnen zu bewegen. Gut für ihr Selbstvertrauen und ihre Sicherheit!

Als Nächstes stehen Wettbewerbe im offenen Obedience-Wettkampf auf unserem Programm, sobald Harley reif dafür ist. Die Anforderungen sind äußerst vielfältig, und ich hoffe, Harley hat Spaß daran. Danach versuchen wir uns vielleicht an Agility.

Eins ist sicher: Gleichgültig, wie viel Zeit und Mühe wir investieren müssen – das Ergebnis ist alles wert.

Harley belohnt mich mit seiner liebevollen Anhänglichkeit und Freundschaft. Ich bin stolz auf ihn!«

werden. Er muss in jeder geforderten Reihenfolge zwischen »Steh«, »Sitz« und »Platz« wechseln und darf dabei seinen Platz nicht verlassen.

Voraussenden: Der Hund wird in eine Richtung geschickt, die vom Richter vorgegeben wird, er legt sich auf Befehl seines Führers hin und wird dann in eine andere vorgegebene Richtung zurückgerufen.

Geruchsunterscheidung: Aus einer Reihe von Kleidungsstücken muss der Hund dasjenige mit dem Geruch des Richters herausfinden. Für Fortgeschrittene werden zur Ablenkung Kleider mit Lock-Aromen daruntergemischt, damit die Aufgabe schwerer wird.

Agility: In den USA enthalten Obedience-Prüfungen auch Agility-Übungen.

Flyball

»Flyball« (wörtlich übersetzt: »Flugball«) ist so etwas wie ein Staffellauf für Hunde, der das Bringen und Über-Hürden-Gehen einschließt. Dieser Sport erfeut sich auf der ganzen Welt großer Beliebtheit, und die Zahl seiner Anhänger wächst jedes Jahr.

Die überwiegend verwendeten Rassen sind Collies und Retriever, aber auch viele andere sind absolut geeignet. Chihuahuas müssen sich dabei auf ihre Schnelligkeit und ihre Geschicklichkeit verlassen statt auf ihre Sprungkraft wie große Hunde. In ernsthaften Wettbewerben haben sie deshalb keine Chance, aber warum wollen Sie Flyball nicht einfach zu Ihrer beider Hobby machen?

In diesem Sport konkurrieren zwei Teams auf zwei identischen, 15,5 m langen Parcours gegeneinander, und Sieger ist das Team, das als Erstes mit allen Hunden den Parcours bewältigt hat.

Jeder Hund läuft die Strecke über vier Hürden zur »Flyball-Box«. Der Hund löst mit seiner Pfote an der Box einen Mechanismus aus, der einen Ball hochschleudert. Diesen muss er fangen und wieder über die Hürden zum Start zurückbringen. Sobald er angekommen ist, wird der zweite Hund auf die Strecke gelassen, usw. Lässt ein Hund den Ball fallen oder verfehlt er eine Hürde oder wirft sie um, muss er nach dem letzten Mitglied seines Teams nochmal auf den Parcours.

Haben Sie Interesse an diesem Sport, muss Ihr Chihuahua körperlich ganz fit sein und auch kräftig genug, um den Mechanismus auslösen zu können, das ergibt sich aus dem Vorgenannten.

Sicherheitshalber sollten Sie sich einem Flyball-Club anschließen, der auch Geräte für sehr kleine Hunde hat. Ihr nationaler kynologischer Verband hält entsprechende Informationen für Sie bereit.

Agility

Agility (= »Wendigkeit«) ist eine der beliebtesten Hundesportarten der Welt; es handelt sich hierbei um einen Hindernisparcours für Hunde. Jeder Hund muss erfolgreich mehrere Hindernisse überwinden, und das fehlerlos in einer vorgegebenen Zeit. Es gewinnt der Hund, der die wenigsten Fehler in der kürzesten Zeit gemacht hat.

Zu den Hindernissen gehören Hürden, Weitsprünge, Tunnel, Rutschen, Stangen, durch die der Hund hindurchschlüpfen muss, eine Wippe, ein schmaler, erhöhter Laufsteg und eine A-förmige Kletterrampe.

Auf den Agility-Parcours wimmelt es in der Regel von Border Collies und Retrievern, aber es machen auch zahlreiche Kleinhunde mit.

Ebenso wie bei Obedience, werden Sie mit Ihrem Chihuahua kaum auf dem Siegerpodest stehen (obwohl auch das nicht unmöglich ist), aber warum sollte Ihr Kleiner den Großen nicht ein wenig das Leben schwer machen?

Agility ist vor allem Spaß für Hund und Führer, gleichgültig, auf welcher Ebene man teilnimmt.

LITTLE RAY OF SUNSHINE

Marian Stone mochte Chihuahuas gar nicht und konnte sich nicht vorstellen, jemals einen zu haben – bis Sunny, ein Langhaarrüde, sie als Besitzerin auswählte ...

Sie erzählt Sunnys Geschichte:

»Sunny war ein Notfall. Eine unserer Nachbarinnen kümmert sich um Hunde, die ein neues Heim brauchen. Als sie eines Tages einen blonden Chihuahuawelpen bekam und ihn an keiner der üblichen Stellen vorübergehend unterbringen konnte, fragte sie uns.

Zu jener Zeit war Sunny eine Katastrophe – er hatte furchtbare Angst vor Menschen und biss alles, was sich bewegte. Es war sehr mühsam, dies in den Griff zu bekommen!

Sunny sollte zunächst nur für einige Zeit bei uns bleiben, und während der ersten zwei Monate versuchten wir, einen guten Platz für ihn zu finden. Aber meine Mutter war schon am ersten Tag sicher, dass Sunny bleiben würde – und richtig! Ich habe mich einfach in ihn verliebt. Ich hatte früher nie bemerkt, wie mutig und zäh diese Kleinen sein können. Vor allem war ich fasziniert von Sunnys unbeugsamem Geist; er ist intelligent und unabhängig und mir dabei vollkommen ergeben. Er ist anschmiegsam, und bei der richtigen Belohnung tut er alles für mich.

Eine Freundin, die sich mit Chihuahuas auskannte, sagte mir einmal, dass Chis einem 'sehr ans Herz gehen' – körperlich (wegen ihrer Winzigkeit) und geistig (wegen ihrer liebenswerten Persönlichkeit). Das trifft haargenau zu!

Sunny hatte infolge seines traurigen Starts ins Leben nur wenig Sozialisierung erfahren. Um das nachzuholen, kam ich auf die Idee, mit Sunny Flyball zu trainieren. Ich hatte zwar nie einen Chi im Flyball gesehen und hatte keine Ahnung, ob Sunny das konnte, aber dennoch wollte ich es probieren, vor allem um ihn in hundefreundlicher Umgebung an viele Leute zu gewöhnen, die dazu noch jede Menge Futter in der Tasche hatten.

Sunny lernte schnell, wohl auch, weil ich sehr erfahren in Flyball war.

Der Schlüssel zum Erfolg war, Sunny richtig zu motivieren. Sunny zeigt keine große Lust, etwas nur zu tun, weil es mir Freude macht, aber mit dem richtigen Anreiz konnte man ihm alles abverlangen – und seine Schwäche war eindeutig das Futter!

FORTSCHRITTE

Ich teilte das Training in drei Teile auf. Erst brachte ich ihm bei, auf Zuruf über die Hürden zu mir zu kommen, dann, den Ball zu bringen. Anfangs benutzte ich hierfür ein weiches Spielzeug und belohnte ihn jedesmal mit einem Leckerchen.

Sunny rannte mit Begeisterung hinter dem Spielzeug her, wenn ich es geworfen hatte, nicht ganz so gut war er beim Aufheben und Zurückbringen. Langsam begriff er, dass er die Belohnung erst bekam, wenn er den Gegenstand abgeliefert hatte.

Dann versuchte ich es mit Tennisbällen, die ihm aber Probleme bereiten: er kann sie zwar aufnehmen, aber nicht festhalten, wenn er läuft und springt.

Zuletzt zeigte ich ihm, wie die Flyball-Box ausgelöst wurde – das war am schwersten für ihn. Er ist zwar mit 3 kg recht groß, aber hierfür immer noch zu leicht. Schließlich suchten wir eine Box mit sehr empfindlichem Mechanismus, aber selbst der funktioniert nur, wenn er mit aller Wucht auf ihn springt.

Schon kurz danach meisterte Sunny alle drei Übungen zusammen. Sein Training hatte nur sechs Monate gedauert! Weitere sechs brauchten wir allerdings, bis er soweit war, dies alles auch vor Publikum zu machen. Er hatte einfach zu viel Angst.

Sein erster Auftritt in der Öffentlichkeit war auf einer Veranstaltung unserer städtischen Universität. Im Training hatte alles wunderbar geklappt, und ich fühlte mich ziemlich sicher. Als er aber den Ball zurückbringen sollte, rührte er sich nicht von der Stelle! Er tat so, als ob die Matten auf der Laufstrecke gefährlich waren.

Ich konnte mir das nicht erklären, fand aber den Grund schnell heraus: Im Training ist der gesamte Boden mit Matten ausgelegt; Sunny hatte einfach noch nie einzelne Mattenreihen gesehen – mit einer Ausnahme: Auf meinem Küchentisch liegt eine »Tabu«-Matte, die ihn vom Hochspringen und Futterstehlen abhalten soll. Aus seiner Sicht verlangte ich also von ihm, auf einer sonst verbotenen Matte Flyball zu spielen! Kein Wunder, dass er völlig verunsichert war. Ich muss heute noch lachen, wenn ich daran denke.

Viele Leute sagen, dass Chihuahuas etwas von Terriern haben, und bei Sunny trifft das zu. Ich brauche nur seinen Ehrgeiz anzustacheln, und er strengt sich noch mehr an. Er ist im Wettkampf stets schneller als im Training, die Atmosphäre beflügelt ihn.

Das hat sich bereits ausgezahlt: Sunny hat gerade seinen ersten Titel in seinem ersten ernsthaften Wettkampfzyklus gewonnen. Er blieb in jedem Rennen fehlerlos und wurde immer motivierter. Es ist schon bemerkenswert, wenn ich an den erbarmungswürdigen Zustand denke, in dem er bei uns ankam!«

EINE FRAGE DES ALTERS

Agility ist ein Sport, der hohe Anforderungen an die körperliche Fitness stellt. Lassen Sie deshalb Ihren Hund und auch sich selbst gründlich auf körperliche Belastbarkeit untersuchen, bevor Sie mit diesem Sport beginnen! Dies ist auch ein Grund dafür, dass Welpen und heranwachsende Hunde noch nicht teilnehmen dürfen. Manche Hindernisse sind so schwierig, dass sie Gelenke und Knochen in der Entwicklung irreversibel schädigen können. Die Qualität eines Agility-Trainers zeigt sich auch daran, dass er Gesundheitsnachweise fordert und entsprechende Altersbeschränkungen konsequent einhält.

Die Hindernisse

Auf einen winzigen Chihuahua wirkt jedes Hindernis riesig und unüberwindbar, behalten Sie das beim Training stets im Auge. Manche kleinen Hunde finden den weichen Tunnel furchterregend, und die Kletterrampe ist für sie eine viel größere Herausforderung als z.B. für einen Schäferhund. Dennoch lieben fast alle Chihuahuas diesen Sport. Mit dem richtigen Training kann jeder Hund Agility lernen.

Dennoch sind Chihuahuas wegen ihrer Größe Grenzen gesetzt, es ist deshalb ratsam, Agility-Training nur unter professioneller, fachgerechter Anleitung zu betreiben. Erkundigen Sie sich bei dem kynologischen Dachverband Ihres Landes nach wirklich guten Hundesportvereinen, in denen gut ausgebildete Agility-Trainer tätig sind. Es muss in jedem Fall sichergestellt sein, dass Ihr Chihuahua eine Ausbildung erhält, die keinerlei Gefahr für seine Gesundheit oder auch sein Wesen enthält.

»Dog-Dancing«,

also das Tanzen mit Hunden, erfreut sich ebenfalls weltweit ständig wachsender Beliebtheit. Es entwickelte sich ursprünglich in Amerika aus Obedience-Grundübungen, die mit Musikbegleitung ausgeführt wurden.

Mit fortschreitender Entwicklung dieses Sports wurden immer neue »Tanzbewegungen« erfunden, und heute enthält eine Dog-Dancing-Vorführung u.a. Drehungen, Rollen und Sprünge des Hundes, vorgetragen zum Rhythmus einer individuell gewählten Musik

Es ist ein Vergnügen, Dog-Dancing zu beobachten. Diese Vorführungen sind auf Hundeausstellungen auch für die echten Hunde-Laien ein Publikumsmagnet.

In machen Ländern werden Dog-Dancing-Wettbewerbe ausgetragen, in denen – ähnlich wie beim Eiskunstlauf! – die technische (Synchronisation zwischen Hund und Mensch, Schwierigkeitsgrad der Übungen) und die künstlerische Darbietung (Choreographie, Anmut, ggf. Kostüm) bewertet werden.

Bei diesem Sport steht die Beziehung zwischen Hund und Mensch an oberster Stelle; sie muss besonders eng sein, vielleicht noch enger als bei Obedience – worin der Hund natürlich auch perfekt sein muss, das ist eine Grundvoraussetzung!

Wollen Sie sich mit Ihrem Hund in dieses anspruchsvolle Vergnügen stürzen, sollten Sie dies nicht ohne fachmännische Begleitung tun.

DELIA, DAS MULTI-TALENT

Die Amerikanerin Ruthann McCaulley hat Delia, ihren Chihuahua, seit zwei Jahren. Während dieser Zeit hat Delia jeden mit ihrer Lebenslust und ihrer Freude an allem, was es ihr bringt, in Erstaunen versetzt – sogar Ruthann selbst und ihren Mann Raymond. Sie erzählt: »Wir entschieden uns für Delia, weil ein Chihuahua perfekt in unser Leben passen würde. Damals lebten wir recht ruhig, und da wir nur einen kleinen Hof hinter unserem Haus hatten, wollten wir keinen großen Hund. Wir besaßen schon einen Toypudel und fanden, ein Chihuahua würde genau zu ihm passen, auch in der Größe. Seit wir Delia haben, ist es mit unserem ruhigen Leben allerdings vorbei!

Delia lernte bald, mit Ruthann zu tanzen.

DELIA, DIE TÄNZERIN

Zunächst nahm ich mit Delia an Obedience-Kursen teil, und das war die Grundlage für alles andere, auch für unser Dog-Dancing! Ich sah auf Crufts 2000 eine Vorführung der bekannten Engländerin Mary Ray und war fasziniert. Ich beschloss auf der Stelle, das mit meinem Hund auch zu versuchen. Der Anfang war gar nicht einfach, weil ich in unserer Kleinstadt in meiner Nähe niemanden fand, der mir weiterhelfen konnte.

Dann entdeckte ich ein tolles Buch von Sandra Davis, *Tanze mit Deinem Hund,* das mich zusammen mit Videos auf den richtigen Weg brachte. Bücher und Videos waren meine einzigen Lehrmittel; ich las, las noch einmal und schaute mir auch die Videos immer wieder an. Dann versuchte ich, deren Inhalt in tägliche kleine Übungen mit Delia umzusetzen.

Wir hatten alle Tanzbewegungen einzeln geübt, und Delia beherrschte alle, als ich aber zum ersten Mal alle Übungen in einem Block praktizieren wollte, war sie völlig verwirrt. Ich hatte das Gefühl, als ob sie den Schritt von der Obedience-Übung hin zum Tanzen nach Musik einfach nicht hinkriegte. So fing das Üben von Neuem an: Ich kombinierte zunächst nur wenige Bewegungen, dann immer mehr, und da sie sehr intelligent ist, dauerte es nicht lange, bis sie auch begriffen hatte, worum es ging.

Dennoch können wir nur langsam trainieren. Delia verliert ziemlich schnell das Interesse und langweilt sich, deshalb müssen die Trainingseinheiten kurz und spannend sein und ihr jede Menge Leckerchen bringen – Delia ist nämlich sehr verfressen! Jeden Abend nach dem Essen übe ich mit ihr lustige Tricks (mit Futter als Belohnung), die später die Basis für neue Tanzschritte sind.

Einem Chihuahua das Tanzen beizubringen war nicht so schwer, wie ich gedacht hatte, obwohl ich wegen ihrer Winzigkeit Zugeständnisse machen musste. Delia hasst es, wenn sich

→

←

jemand über sie beugt (außerdem ist das auch für meinen Rücken nicht gut). Zudem gerät man nur zu leicht aus dem Gleichgewicht – und das bringt die ganze Choreographie durcheinander. Hier tut ein Stab als Verlängerung des Arms gute Dienste. Einige Bewegungen sind für Delia einfach ungeeignet, aber wir versuchen, das Beste aus ihrer Größe zu machen und üben alles, was geht. Weil so kleine Hunde von Natur aus niedlich sind, muss ich aber ziemlich streng darauf achten, dass sie mit dem nötigen Ernst bei der Sache bleibt. Eine süße Tanzeinlage kommt beim Publikum natürlich an, wenn aber der ganze Tanz nur noch komisch ist, ist das letztlich langweilig und auch eigentlich kein Tanz mehr – nur noch eine Aneinanderreihung von Tricks.

Wir haben bis jetzt noch nicht an Tanzwettbewerben teilgenommen, aber Delia ist bald soweit. Unser erster Tanz nach der Musik San Antonio Rose war noch ziemlich einfach, aber was wir jetzt zur Rhapsody in Blue einstudiert haben, ist sehr artistisch und anspruchsvoll. Es ist ziemlich schwer, macht aber auch viel Spaß. Dog-Dancing mit einem Chihuahua ist etwas ganz Besonderes!

DELIA, DIE KÖNIGIN AUF DEM AGILITY-PARCOURS

In Delias Obedience-Gruppe war eine Dame, die eine Agility-Trainingsgruppe speziell für kleine Hunde gründen wollte, und ich ergriff die Gelegenheit beim Schopf. Von der ersten Minute an war Delia von Agility begeistert! Ihre Obedience-Ausbildung half ihr, sich auch im Agility-Parcours voll auf mich und meine Kommandos zu konzentrieren. In diesem Sport hat ein Hund mehr Freiheiten als bei Obedience, und Delia fand das richtig gut.

Zu Anfang trainierte ich sie zuhause, die Hindernisse baute ich aus Haushaltsgegenständen. Unser Sprung bestand z.B. aus einem Stock, der über zwei Kaffeekannen gelegt war! Mein

Delia fliegt über die Hürden.

Delias Lieblingshindernis.

Sicher geht sie durch den Tunnel.

Schwiegersohn baute ihr eine Mini-Kletterrampe. Als wir dann mit richtigen Geräten arbeiten konnten, wurde Delia immer besser. Jetzt nehmen wir sogar Privatunterricht, und das bringt uns enorm voran.

Delias Lieblingshindernis ist die A-förmige Kletterrampe, obwohl es gleichzeitig wegen ihrer Größe das schwerste ist. Sie genießt die Aussicht von dort oben und bleibt zu gern dort sitzen, um auf die Welt hinabzublicken. Ich erinnere mich an einen Wettkampf, als sie ganze dreimal über dieses Hindernis kletterte – so viel Spaß hatte sie! Danach war die Sache natürlich gelaufen; sie nahm nichts mehr ernst, und als sie schließlich den Parcours beendet hatte, wollte sich sogar der Richter über ihre Mätzchen ausschütten vor Lachen.

Dagegen hasst sie die Wippe! Sie geht zwar darüber, hat aber ziemliche Angst, wenn sich das Gleichgewicht verlagert. Sie kriecht hinauf, wartet, bis sie umschwingt und kriecht hinunter bis auf den Boden; alles ohne jede Eile. Bei einem Wettkampf war sie besonders langsam, und ein Zuschauer feuerte sie an: »Vorwärts, gib nicht auf!« Als sie den Durchgang schließlich beendet hatte, erhielt sie donnernden Applaus.«

Trotz ihres vollen Terminkalenders findet Deliah noch Zeit, alten Menschen Freude zu bereiten.

THERAPIEHUND DELIA

Ruthanns ganzes Leben dreht sich um ihre Hunde, und sie beschloss eines Tages, Menschen zu helfen, denen die Freude eines Zusammenlebens mit Hunden nicht vergönnt ist. Sie stellte ihre Hunde für die Arbeit mit in Pflegeheimen untergebrachten Menschen zur Verfügung.

»Ich begann dies schon mit Boomer, meinem Toypudel, nachdem ich etwas darüber im Fernsehen gesehen hatte. Boomer eignete sich vorzüglich!« erzählt Ruthann. »Natürlich ging Delia von Anfang an mit, und sie gewöhnte sich auch daran sofort. Die Hunde müssen hierfür besonders gut sozialisiert und erzogen sein. Delia hat die Welpen- und Junghundschule besucht, sie hat an Obedience-Trainingsgruppen teilgenommen und ist wirklich ein alltagstauglicher Begleithund. Sie bringt für die Therapie-Arbeit ideale Voraussetzungen mit! An einem Nachmittag pro Woche besuchen wir ein örtliches Altenpflegezentrum. Die Bewohner treffen sich in einem Gemeinschaftsraum zum Bingospielen und Eisessen, das ist die Gelegenheit für uns, so viele Menschen wie möglich zu erreichen. Wir besuchen Bettlägerige auch auf ihrem Zimmer.

Delia liebt ihre Arbeit, vor allem, weil sie etliche Leckerchen ergattern kann. Um Delias Gewicht unter Kontrolle zu halten, nehme ich geeignetes Futter selbst mit und gebe es den Leuten, aber manchmal darf sie auch einen Eisbecher auslecken! Sie zieht alle Aufmerksamkeit mit ihren lustigen Tricks auf sich, die sie auf dem Tisch vorführt, damit alle sie sehen können.

Delia hat einen sechsten Sinn dafür, welche Heimbewohner sie auf ihrem Schoß halten möchten, um sie knuddeln zu können, und bei welchen sie nur sitzen und sich streicheln lassen →

Delia ist vielen eine liebevolle Freundin.

soll. Wenn wir von Zimmer zu Zimmer gehen, geht sie durch manche Tür sofort hinein, an anderen geht sie vorbei zur nächsten – als ob sie wüsste, wer sie an jenem Tag besonders braucht, und wer nicht gestört werden will.

Diese Arbeit ist unter allen unseren Aktivitäten wohl die am meisten befriedigende. Einmal besuchten wir eine Frau, die einen Schlaganfall erlitten hatte und weder sprechen noch ihre Hände bewegen konnte. Zu unser aller Erstaunen streckte sie ihre Hand nach Delia aus und streichelte sie!

Viele alte Leute werden durch Delia an ihre eigenen Haustiere erinnert, und sie erzählen von ihnen. Viele sind sehr einsam, und Delias Besuch und das Gespräch mit mir sind ein echter Lichtblick.

Manche können nicht sprechen, aber auf Delia reagieren sie mit einem seligen Lächeln – selbst wenn sie alles andere ignorieren. Demenzkranke erinnern sich später an mich selten, aber Delia vergessen sie nie.«

DELIA, DER LIEBLING DER FAMILIE

Ruthann schließt ihren Bericht über ihren vielseitigen Chihuahua mit den Worten: »Viele Leute nehmen Chihuahuas nicht ernst, sie sehen in ihnen nur niedliche, kuschelige Schoßhunde, die zu nichts nütze sind. Natürlich sind sie niedlich und knuddelig, dazu aber klug und begeistert von jeder Beschäftigung, die man ihnen anbietet. Sicher würde niemand ausgerechnet einen Chihuahua kaufen, wenn er sich fest vorgenommen hat, Obedience oder Agility zu betreiben, aber allen Chihuahua-Besitzern kann ich nur raten: Fassen Sie sich ein Herz und versuchen Sie es wenigstens!«

Trotz aller sportlichen Erfolge liebt Ruthann Delia jedoch vor allem wegen ihres wunderbaren Charakters. »Ich glaube, Delias allergrößter Vorzug ist, dass sie ein anpassungsfähiger, aufgeschlossener, vertrauensvoller, liebevoller Freund und Begleiter ist.«

Kapitel 7

Das Idealbild

Als Sie Ihren Chihuahua erwarben, hatten Sie vermutlich kaum mehr als ein flüchtiges Interesse an Ausstellungen. Wird man als stolzer Besitzer eines Rassehundes oft auf sein Prachtexemplar angesprochen, kommt das Interesse aber unweigerlich.

Man fragt sich: Warum ist dieser Hund ein Champion, jener aber nicht? Laien am Ringrand denken oft, der Richter vergleiche die Hunde, die in einer Reihe vor ihm stehen, und entscheide dann, welcher ihm am besten gefällt. Das enthält zwar ein Körnchen Wahrheit, ist aber längst nicht alles: Der Richter trifft zwar seine persönliche Wahl, diese gründet jedoch auf den Forderungen des Rassestandards, also der Beschreibung der Körper- und Wesensmerkmale, die das vollkommene Rasseexemplar aufweisen muss.

Es gewinnt der Hund, der dem Standard seiner Rasse am nächsten kommt.

Der Rassestandard

Rassestandards werden vom Ursprungsland der Rasse aufgestellt; sie lauten in allen Mitgliedsländern der F.C.I. gleich; in anderen kynologisch bedeutenden Ländern ist der Wortlaut etwas anders, die Grundforderungen sind jedoch meist die gleichen. Nachfolgend sind die wichtigsten Punkte des in der F.C.I. gültigen Chihuahua-Standards genannt und zum Teil erläutert.

Allgemeines Erscheinungsbild

Der Chihuahua ist kompakt; schon hier wird als wesentliches Merkmal der so genannte Apfelkopf genannt. Er muss seine Rute hoch erhoben tragen – aus allem ergibt sich, dass er trotz seiner geringen Größe einen kräftigen, selbstbewussten Eindruck machen muss.

Verhalten/Charakter

Flink, aufmerksam, lebhaft, sehr mutig – dabei

Chihuahuas sind zierlich, aber kompakt.

aber absolut freundlich zu Menschen und Artgenossen und ohne Anzeichen von Nervosität.

Kopf

Stop sehr ausgeprägt, Fang eher kurz, nicht schwach. Schädel schön gerundet (Apfelkopf), ohne oder mit kleiner Fontanelle – nach der strengen Zuchtordnung des VDH, die auf dem deutschen Tierschutzgesetz basiert und über den Standardforderungen steht, darf kein Zuchthund eine offene Fontanelle haben!

Augen

Groß und rund, aber keinesfalls vorstehend, da das die Verletzungsgefahr erhöhen würde. Dunkel, aber je nach Haarfarbe auch heller erlaubt.

Ohren

Groß, aufrecht stehend; bei Aufmerksamkeit nach oben gerichtet, in der Ruhe seitlich um ca. 45 ° abgewinkelt.

Gebiss

Regelmäßiges Scheren- oder Zangengebiss; sämtliche Abweichungen sind zu bestrafen.

Hals

Leicht gebogen, mittellang, mit harmonischem Übergang zu den Schultern.

Körper

Rückenlinie vom Hals- bis zum Rutenansatz gerade, nur wenig länger als die Höhe am Widerrist, Rippenkorb gut gerundet, nicht fassförmig. Eine gute Substanz ist gefordert!

Rute

Mittellang, hoch angesetzt, in der Bewegung bogen- oder halbkreisförmig über dem Rücken getragen. Deutet auf das erwünschte Temperament hin! Darf in Ruhestellung hängen.

Vorderhand

Fest anliegende Schulterblätter und Ellenbogen, gerade Läufe, die auf Grund der guten Winkelung unter – nicht vor – dem Brustkorb stehen. Wichtig für raumgreifende Bewegungen!

Der Apfelkopf ist einzigartiges Merkmal der Rasse.

Hinterhand

Besonders hier zeigt sich ein gesunder Körperbau: Sie muss muskulös, kräftig und gut gewinkelt sein, ohne jede Schwäche. Sie bedingt den kräftigen Schub und ist Voraussetzung für schnelle, kraftvolle Bewegungen.

Pfoten

Klein und zierlich, aber keinesfalls gespreizt. Mittelding zwischen Katzen- und Hasenpfoten. Krallen gebogen, nicht lang, Ballen gut gepolstert.

Bewegung

Flott, energisch, kraftvoll; mit viel Raumgriff und gutem Schub. Mühelos und frei mit aufrechter Kopfhaltung und geradem Rücken.

Haar

Langhaar: fein, seidig; gerade oder leicht gewellt; mit etwas Unterwolle. Befederungen an Ohren und der Hinterseite der Läufe. Der Hals sollte eine dichte Krause aufweisen, die Rute wie ein Federbusch behaart sein.
Kurzhaar: Weich, glänzend, gut anliegend.

Farbe

Alle Farben in jeder Kombination! Im Ausstellungsring sind gescheckte Hunde eher selten; meist sieht man einfarbige oder schwarz-lohfarbene.

Größe

Es wird nur ein erwünschtes Gewicht genannt, keine bestimmte Widerristhöhe – laut Standard soll ein Chihuahua zwischen 500 g und 3 kg wiegen. Wegen deren deutlich größerer Krankheitsanfälligkeit darf aber in Deutschland schon seit einigen Jahren nicht mit Hunden gezüchtet werden, die leichter als 2 kg sind – dies hat dazu geführt, dass heute kaum mehr echte Winzlinge im Ausstellungsring und auch in der Öffentlichkeit auftauchen. Ein Segen für die Rasse!

Besonders wichtige Kriterien bei der Bewertung nicht nur eines Chihuahuas müssen für

Die Bewegung soll energisch und kraftvoll sein.

jeden Zuchtrichter die Gesundheit, die Fitness und die Leistungsfähigkeit der ihm vorgestellten Hunde sein – in diesem Sinne soll ein Chihuahua zwar nicht groß sein, er darf aber auch nicht zu leicht und empfindlich wirken, er muss Substanz, eine starke Muskulatur und einen gesunden Körperbau haben.

Fehler

Als disqualifizierende (also zuchtausschließende) Fehler nennt der Standard unter anderem:

- Fehlerhafter Typ
- Kleine Ohren mit fehlerhafter Haltung
- Fehlende Rute
- Bei Langhaar: Sehr langes, feines Haar, ähnlich dem Malteser; bei Kurzhaar: Haarlose Stellen

Nicht im Standard genannt, aber ebenfalls zuchtausschließend (siehe oben) sind: Offene Fontanelle, Gewicht unter 2 kg.

Wozu Hundeausstellungen?

Wenn Sie stolzer Besitzer eines rassetypischen Chihuahuas sind, ist es natürlich eine feine Sache, mit ihm im Ring Preise, zumindest aber Bewunderung, zu ernten, aber hinter den Hundeausstellungen steckt viel mehr.

Wenn ohne jeden Standard, also ohne jeden Maßstab, gezüchtet würde, gäbe es über kurz oder lang große Unterschiede in Typ, Größe, Körperbau und Bewegung. Eine Rasse wie der Chihuahua, die immerhin vor Hunderten von Jahren entstanden ist, würde zu einem Mischmasch von kleinen Hunden, die sich nicht von anderen unterscheiden.

Es ist Aufgabe des Richters, den Hund zu finden, der dem Rassestandard am nächsten kommt.

Wenn wir die Rasse bewahren wollen, müssen wir Hunde züchten, die dem Standard so nahe wie möglich kommen. Und der Ausstellungsring ist das Forum für die Überprüfung des Zuchterfolgs! Die Ausstellungssieger tragen eine hohe Verantwortung: Sie werden vermehrt zur Zucht verwendet und können so einen großen Einfluss auf ihre Rasse ausüben.

Die Kunst des Züchtens

Ein guter Züchter möchte vor allem Welpen haben, die gesund und fit sind – immer in der Hoffnung, dass ein oder zwei aus einem Wurf wirklich Ausstellungsqualität haben.

SHOWGIRLS

Die Amerikanerin Jacqui Beth Johnson bekam 1975 ihren ersten Chihuahua. Sie verliebte sich so in die Rasse, dass sie 1988 anfing, zu züchten und Ausstellungen zu besuchen. Ihre Erfolge im Ring waren von Beginn an groß!

Jacqui erzählt: »Mein allererster Chihuahua war ‚Shanti', eine entzückende hellbraun-weiße Hündin. Sie war 11 Jahre meine Begleiterin und lehrte mich, die Rasse so zu lieben, dass ich auf jeden Fall einen weiteren haben musste – sie »chihuahua-sierte« mich sozusagen. Diese kleinen Hunde suchen ständig den körperlichen Kontakt zu ihren Menschen, und die Beziehung zwischen Hund und Herrn ist sehr schnell äußerst innig.

Nach Shantis Tod beschloss ich, die Rasse zu züchten und erwarb einige sehr gute Hunde, die die Stammeltern meiner Zucht werden sollten.

Chihuahuas auszustellen kann eine ziemliche Herausforderung sein. Diese Hunde sind reine Begleithunde, die oft von allein lebenden Leuten bevorzugt werden, die wenig Kontakt zu anderen Menschen oder anderen Hunden haben. In diesem Fall kann die Beziehung so eng sein, dass ein Chihuahua fremden Menschen und Hunden gegenüber nervös, schlimmstenfalls sogar aggressiv wird. Natürlich kann gute Sozialisierung dies verhindern, aber nur, wenn sie permanent und schon in sehr jungem Alter stattfindet.

Ein großer Vorzug des Chihuahuas ist, dass er bedeutend leichter für die Ausstellung vorzubereiten ist als ein großer Hund. Chis sind klein, man kann sie auf dem Arm halten und ihr Haar braucht keine aufwändige Pflege. Schlichtes Bürsten und Kämmen genügt!

1988 habe ich mit meiner Zucht und den Ausstellungen begonnen.

Ich habe meine Hunde auch stets selber im Ring vorgeführt!

Jacqui Beth Johnson erringt einen Sieg auf einer Hundeausstellung in Florida.

Bis heute habe ich 13 selbstgezüchtete Hunde zu Amerikanischen Champions gemacht; mein größter Erfolg war aber die Ehre, den besten Chihuahua zu haben, der vom Besitzer selbst gezüchtet und vorgeführt wurde: Meine Hündin Anika's Felicity Foxtrot (‚Tiffany'). Sie errang ihren Amerikanischen Championtitel in nur fünf Ausstellungen! Hierfür bekam ich eine wunderschöne Medaille verliehen, die für mich einen besonderen Wert hat.

Zurzeit stelle ich Tiffanys Tochter, Anika's Felicity Magic Mardi Graz, aus – mit gutem Erfolg: Sie gewann bereits auf ihrer ersten Spezialausstellung die maximale Punktzahl auf dem Weg zum Champion – ebenfalls in der Klasse für vom Aussteller selbst gezüchtete Hunde. Ich halte sie für sehr viel versprechend und hoffe, noch viele Jahre ausstellen zu können.«

Das klingt zunächst nicht besonders schwierig: Eine sehr gute Hündin plus ein sehr guter Rüde – was soll da schiefgehen?

Leider ist es nicht so einfach. Bei der Auswahl der Eltern in spe reicht es nicht, nur auf deren Erscheinungsbild, deren Wesen und deren Gesundheit zu schauen. Jeder Hund ist das Produkt vieler Zuchtgenerationen und kann Merkmale in sich tragen, die er von Urahnen geerbt hat.

Der seriöse, fähige Züchter betreibt deshalb zunächst Ahnenforschung. Er überprüft die Linien beider Elterntiere auf möglicherweise darin enthaltene Fehler, vor allem, was die Gesundheit angeht. Es gibt beim Chihuahua einige Erbkrankheiten, und es ist für jede gute Zucht von essentieller Bedeutung, sie von solchen Problemen freizuhalten (siehe Kapitel 8, Gesundheitsmaßnahmen).

Von vorrangiger Bedeutung ist eine Zuchthündin, die auf Grund ihrer Größe körperlich dazu in der Lage ist, eine Trächtigkeit durchzustehen.

SACHE DES FACHMANNS

Haben Sie eine reine Haushündin, widerstehen Sie der Versuchung, mit ihr zu züchten. Zucht ist eine Kunst und sollte nur von Fachleuten und mit wirklich vorzüglichen Hunden praktiziert werden. Verantwortungslose Zucht kann einer Rasse großen Schaden zufügen; das Ergebnis können schlechte Welpen sein, die niemand will.

Sie darf, wie gesagt, nicht weniger als 2 kg wiegen, sie sollte ein breites Becken haben, und die Hinterhand sollte nicht zu schmal sein. Wichtig ist auch, ob andere Hündinnen aus der gleichen Linie ihre Welpen üblicherweise ohne Kaiserschnitt zur Welt bringen.

Wenn eine Hündin dies nicht kann, ist die Wahrscheinlichkeit groß, dass auch ihre Tochter Probleme hat.

Natürlich kann ein Wurf auch nach einem Kaiserschnitt erfolgreich aufgezogen werden, das Risiko für die Mutter ist aber beträchtlich. Schon die Narkose ist für Chihuahuas gefährlich, deshalb sollten Operationen nicht leichtfertig provoziert werden.

Nun wird es schwierig: Der Züchter in spe hat Hunde mit groben Fehlern ausgeschlossen, das ist aber nicht genug, um Welpen zu züchten, die so gut wie oder sogar besser als ihre Eltern sind. Rüde und Hündin müssen zusammenpassen, damit die Chance besteht, dass die guten Punkte fixiert und kleine Fehler verbessert werden.

Ein Beispiel: Für eine Hündin mit weniger guter Ohrhaltung muss der Rüde natürlich in diesem Punkt besonders gut sein!

Es gibt drei Arten von systematischer Zucht:

- Inzucht
- Fremdzucht
- Linienzucht

Inzucht

ist die Verpaarung zweier sehr eng verwandter Hunde der gleichen Rasse; z.B. von Halbgeschwistern. Diese Art der Zucht kann sehr schnell besonders erwünschte Merkmale, die in dieser Familie vorhanden sind, hervorbringen.

Ein Anfänger sollte hiervon die Finger lassen; nur ein sehr erfahrener Züchter kennt im Einzelnen, was in den Linien der beteiligten Hunde vorkommt, und setzt Inzucht nur dann ein, wenn er die berechtigte Hoffnung hat, dass die Nachzucht gesund, kräftig und rassetypisch ist.

Ch. Dachida's Master Angel ist das Resultat einer Inzucht-Verbindung.

<table>
<tr><th>Eltern</th><th>Großeltern</th><th>Urgroßeltern</th><th>Ururgroßeltern</th></tr>
<tr><td rowspan="8">Ch. Dachidas Jonnie Angel</td><td rowspan="4">Sventras Super Blue</td><td rowspan="2">Ch. Allende See Threepio</td><td>Maelake Imperial</td></tr>
<tr><td>Allende Ava Maria</td></tr>
<tr><td rowspan="2">Sventras Sunbeam Golden Lace</td><td>Sventra Sundance Calico Kid</td></tr>
<tr><td>Sventras Sunbeam Karis</td></tr>
<tr><td rowspan="4">Dachidas Queen Bee</td><td rowspan="2">Ch. Arrendene Aggressor</td><td>Arrendene Spycatcher</td></tr>
<tr><td>Arrendene Floral Lady</td></tr>
<tr><td rowspan="2">Chudor Florentina</td><td>Ch. Allende See Threepio</td></tr>
<tr><td>Sumarchi Cornelia of Chudor</td></tr>
<tr><td rowspan="8">Dachidas Shadow Dancer</td><td rowspan="4">Dachidas Dancing Bear</td><td rowspan="2">Ch. Dachidas Jonnie Angel</td><td>Dachidas Queen Bee</td></tr>
<tr><td>Sventras Super Blue</td></tr>
<tr><td rowspan="2">Dachidas Dancing Queen</td><td>Ch. Totsdown Tyson at Nikitos</td></tr>
<tr><td>Yetagen Yarika</td></tr>
<tr><td rowspan="4">Dachidas Queens Ransom</td><td rowspan="2">Ch. Arrendene Aggressor</td><td>Arrendene Spycatcher</td></tr>
<tr><td>Arrendene Floral Lady</td></tr>
<tr><td rowspan="2">Chudor Florentina</td><td>Ch. Allende See Threepio</td></tr>
<tr><td>Sumarchi Cornelia of Chudor</td></tr>
</table>

Fremdzucht

nennt man die Verpaarung von zwei Hunden einer Rasse, die nicht miteinander verwandt sind. Sie wird dazu benutzt, einer durchgezüchteten Linie neues Blut zuzuführen. Wenn das Zuchtergebnis den Erwartungen entspricht, kann man dies durch Linienzucht fixieren.

Hamaja Elfie May entstammt einer Fremdverbindung, die dem Zwinger neues Blut zuführen sollte.

Eltern	Großeltern	Urgroßeltern	Urgroßeltern
Gestavo Bravado	Belmuriz Brilliant at Marchez	Ch. Belmuriz Brevier	Ch. Apoco Ballybroke Billy Bunter
			Yaverland Playella
		Belmuriz Royalinda	Ch. Belmuriz Royal Romance
			Belmuriz Brevina
	Gestavo Meconopsis	Arrendene Ariston of Trymside	Ch. Arrendene High Time
			Arrendene Top Love
		Gestavo Maid Marion	Trymside Panchito
			Cleome Eve
Hamaja Hawthorne	Buster Brown of Hamaja	Ch. Hamaja Mappa Mundi	Ch. Allende See Threepio
			Hamaja Ruth
		Mzdee Williams Girl	Matrish Lucky Star
			Mevagissey Miss Scarlet of Mzdee
	Hamaja May Blossom	Hamaja Matador	Ch. Hamaja Mappa Mundi
			Hamaja Pascale
		Hamaja Jonquil	Ch. Danny Boy of Trymside
			Hamaja Roberta

Linienzucht

ist sozusagen »abgeschwächte« Inzucht. Es werden Hunde miteinander verpaart, die zwar aus einer Familie stammen, aber nicht eng verwandt sind. Linienzucht wird am häufigsten eingesetzt, weil sie beides kann: erwünschte Merkmale festigen und trotzdem Neues in eine Zuchtlinie hineinbringen.

Ch. Dachida's Johnnie Angel: Ein Champion aus Linienzucht.

Eltern	Großeltern	Urgroßeltern	Ururgroßeltern
Sventras Super Blue	Ch. Allende See Threepio	Maelake Imperial	Ch. Maelake Mastermind
			Marlake Penelope
		Allende Ava Maria	Myavon Blue Boy of Gilmay
			Kelitos Bonnie Belle
	Sventras Sunbeam Golden Lace	Sventra Sundance Calico Kid	Ch. Constanthorpe Jason at Taris
			Yaverland Minnie
		Sventras Sunbeam Karis	Diella Topper
			Yaverland Elli Bianco
Dachidas Queen Bee	Ch. Arrendene Aggressor	Arrendene Spycatcher	Ch. Ballybroke Miles Better
			Arrendene Sibella
		Arrendene Floral Lady	Arrendene Myman
			Arrendene Zoraya
	Chudor Florentina	Ch. Allende See Threepio	Maerlake Imperial
			Allende Ava Maria
		Sumarchi Cornelia of Chudor	Ch. Rumawill Peter Piper
			Hamaja Honey of Sumarchi

Vom Welpen zum Champion

Selbst bei allerbester Zuchtplanung gibt es keine Sicherheit in der Rassehundezucht. Für den Laien sieht jeder Welpe in einem Chihuahuawurf absolut entzückend aus – es braucht Jahre, bis man einen zukünftigen Champion unter den Kleinen erkennen kann.

Einige Züchter können die Qualität eines Welpen schon kurz nach der Geburt einschätzen, andere warten lieber etwas ab. Die Struktur des Kopfes und des Schädels ändert sich nur wenig; mit zwei Wochen sollte der typische Apfelkopf schon erkennbar sein. Der Welpe sollte große, dunkle Augen und große Ohren haben. Diese sind in dem Alter noch gekippt; sie stellen sich mit ungefähr acht Wochen auf.

Chihuahuas gehören zu den »Kopfrassen«, das heißt, ihr apfelförmiger Kopf mit den großen, leuchtenden Augen und den großen Ohren ist das für den Rassetyp wichtigste Merkmal. Ein Chihuahua, der keinen guten Kopf hat, kann im Ausstellungsring nicht gewinnen – mag er sonst noch so korrekt sein.

Die meisten Züchter warten bis zum Alter von acht Wochen mit ihrer endgültigen Beurteilung, da die Welpen dann auf den Läufen stehen und sich frei bewegen. Ein Welpe mit Schauqualität muss trotz seiner Winzigkeit kräftig, stämmig und gut proportioniert sein; er sollte kompakt sein und nicht zu hoch auf den Läufen stehen. Mit der Erfahrung bekommt man ein Auge für die Qualität eines Welpen, aber Welpen sind immer für eine Überraschung gut. Auch ein mit acht Wochen viel versprechender Welpe kann sich noch so entwickeln, dass mit sechs Monaten seine Zukunft auf Ausstellungen gestorben ist. Ebenso kann ein reiner Haushund, der als Welpe nach nichts aussah, später im Ring für Furore sorgen!

Außerdem gibt es noch eine Entwicklungsphase, in der jeder Junghund wie ein hässliches Entlein aussieht – bei vielen Rüden im Alter zwischen 12 und 18 Monaten. Dann heißt es, die Nerven zu bewahren und die Hoffnung nicht aufzugeben. Im Allgemeinen verändern sich Langhaarchihuahuas stärker und öfter als Kurzhaarchihuahuas.

Unabhängig vom Körperbau müssen alle Chihuahuas für die Ausstellung eine natürliche Ausstrahlung haben, die die Blicke auf sich zieht. Dies ist schon ein großer Teil des Erfolgs!

Die folgenden Fotos auf Seite 108 zeigen die Entwicklung eines Chihuahuas vom kleinen Welpen bis hin zu dem erwachsenen Champion.

EIN GUTER TIPP

Es ist ratsam, sich bei der Betrachtung eines Chihuahuas zu fragen: »Sähe er harmonisch und gut proportioniert aus, wenn es ein großer Hund wäre?« Ist die Antwort »Nein«, eignet sich Ihr Kleiner nicht für den Ring. Muten Sie ihm den Ausstellungsstress gar nicht erst zu!

Das Training für den Ausstellungsring

Wenn Sie Ihren Hund ausstellen möchten, braucht er spezielles Training. Für Uneingeweihte mag es so aussehen, als ob man einfach mit seinem Hund an der Leine in den Ring geht, und er sieht gut aus. Wenn es so einfach wäre!

VOM WELPEN ZUM CHAMPION
CH. TEOCALI DESERT FLAME (Brumas)

Brumas mit sechs Wochen.

Hier mit vier Monaten.

Mit zwölf Monaten war Brumas bester Langhaarwelpe des Jahres in einem renommierten Wettbewerb.

Mit drei Jahren: Ein beeindruckender Champion.

Der Ausstellungshund muss sich so hinstellen, dass er so gut wie möglich aussieht.

Eine Ausstellung ist unglaublich lebhaft, voller Hunde, Menschen, Verkaufsstände, Imbissbuden. Lautsprecherdurchsagen schallen über das Gelände und von Zeit zu Zeit ertönt rauschender Applaus an irgendeinem Ringrand. All dies muss ein Ausstellungshund ertragen können und sich im Ring bewegen, als ob es ihn völlig kalt ließe. Auch hier ist das Zauberwort »Sozialisierung«. Gehen Sie mit Ihrem Welpen so oft wie möglich an die verschiedensten Plätze, damit er sich frühzeitig an alle möglichen Geräusche und Anblicke gewöhnt (siehe Seite 39). So reift er zu einem nervenstarken, verhaltenssicheren Hund heran, der mit allen neuen Situationen fertig wird.

Auch was er im Ring zu tun hat, kann er lernen. Hierzu ist es für den Anfänger das Beste, sich einem Hundeverein anzuschließen, der Ringtraining anbietet. Dies hat mehrere Vorzüge:

- Ihr Hund trifft und gewöhnt sich an fremde Artgenossen und er lernt, sich trotz Ablenkung auf Sie zu konzentrieren.
- Sie erhalten Anleitung, wie Sie Ihren Hund so vorteilhaft wie möglich hinstellen und wie Sie mit ihm im Ring laufen müssen.
- Ihr Hund lernt, sich von Fremden rundherum anfassen zu lassen – wichtig für sein Verhalten auf dem Richtertisch!
- Sie treffen Gleichgesinnte, die Ihnen mit Rat und Tat und zum Erfahrungsaustausch zur Seite stehen.

Das richtige Stehen

Auch ein Chihuahua muss lernen, im Ring in einer Position zu stehen, die ihn rechteckig und vollkommen ausgewogen aussehen lässt – so erhält der Richter einen guten Eindruck von seinem Körperbau.

Wie man einen Hund im Ring hinstellt, hängt von der Rasse ab. Chihuahuas werden üblicherweise aus der Bewegung in den richtigen Stand gebracht. Nützlich hierbei ist es, die Aufmerksamkeit des Hundes mit einem Leckerchen oder einem Spielzeug auf sich zu lenken.

Wenn der Hund steht, muss er voll auf seinen Vorführer konzentriert sein und so aufmerksam wie möglich wirken. Futter ist ein gutes Mittel. Es liegt auf der Hand, dass es ziemlich anstrengend ist, diese Pose längere Zeit durchzuhalten. Deshalb haben Sie ein Auge auf den Richter: Schaut er zu Ihrem Hund, muss er stehen, wenn nicht, darf er sich entspannen.

Auf dem Tisch

Der Richter beurteilt alle Hunde der Reihe nach auch auf dem Tisch. Hierbei tastet er alle Hunde sorgfältig am ganzen Körper ab, um alle vom Standard geforderten Merkmale zu überprüfen. Er sieht sich das Gebiss an und fühlt bei den Rüden, ob die Hoden normal entwickelt und an der richtigen Stelle sind. Auch an diese intime Prozedur muss Ihr Hund gewöhnt sein, damit er sie ohne Murren über sich ergehen lässt.

Auch hierbei sollten Sie die Aufmerksamkeit des Hundes auf sich gelenkt halten, damit der Richter sich auf seine Arbeit konzentrieren kann.

Das Laufen

Vermutlich will der Richter danach sehen, wie Ihr Chihuahua läuft. Er möchte das flotte, energische Gangwerk sehen, das für die Rasse typisch ist. Ein erfahrener Richter kann auch hierbei den Körperbau beurteilen, die Bewegung lässt nämlich Schlüsse hierauf zu.

Im Ring empfiehlt sich eine Vorführleine – eine sehr dünne Leine mit einer variablen Schlaufe anstatt des Halsbandes, die das Erscheinungsbild des Hundes nicht stört. Da der Vorführer damit den Hund nur minimal unter Kontrolle hat, muss der Ausstellungshund gelernt haben, frei neben seinem Vorführer herzutraben, ohne zu ziehen oder zurückzubleiben und jeden Richtungswechsel mitmachen.

Übung macht den Meister

Es kann recht lange dauern, bis ein Chihuahua reif für den Ring ist, und auch bei bestem Training kann es passieren, dass der Junghund plötzlich spielt oder einfach nicht laufen will.

Haben Sie Geduld, ermuntern Sie ihn! Belohnen Sie ihn, wenn er es gut gemacht hat, aber strafen Sie ihn nicht, wenn es mal nicht läuft: Ein Ausstellungshund muss Selbstbewusstsein ausstrahlen, und das ginge verloren. Dann haben Sie zwar den besten Hund der Welt, das nützt aber nichts, weil er keine Ausstrahlung im Ring hat.

Ausstellungen sollen Ihnen beiden vor allem Spaß machen. Genießen Sie den Erfolg, ärgern Sie sich nicht, wenn es nicht Ihr Tag ist. So oder so: es bleibt immer derselbe Hund, den Sie wieder mit nach Hause nehmen – und das ist wichtiger als alles andere.

AUSSTELLUNGSERFOLGE

Die Engländerin Shirley Orme hat ihr ganzes Leben mit Chihuahuas verbracht; für sie gibt es keine Rasse, die der kleinsten der Welt das Wasser reichen könnte.

»Ich liebe diese Hunde,« sagt Shirley. »Sie sind frech und so lebendig! Es sind tolle Wachhunde und absolut treu. Für mich sind sie das Größte.«

Als Shirley zu züchten begann, hatte sie wenig Interesse an Ausstellungen. »Dann sahen andere meine Hunde und sagten, ich müsse sie unbedingt ausstellen. Ich hatte zunächst Angst, dass meine Hunde irgendwelche Krankheiten aufschnappen könnten, dann gab ich mir einen Ruck. In sechs Monaten erkrankten neun meiner Welpen an Parvovirose! Dies geschah in den 80ern, als die Krankheit ihren Höhepunkt hatte, und überall starben Welpen.

Ich versorgte die Welpen Tag und Nacht, und schließlich überlebten fünf.

Trotzdem hatte ich von Ausstellungen nicht die Nase voll; irgendwie war ich überzeugt: Dies hatte ich geschafft, also würde mich nichts mehr erschüttern können.«

Shirleys Bemühungen wurden belohnt, als einer ihrer ersten Ausstellungshunde – Cinders Glass Slipper – ein CC gewann. Kurz danach gründete Shirley ihren Zwinger »Ormestex« – und seitdem gehören ihre Hunde zu den Siegern.

Shirley ist stolz auf Ormestex Forester – er hat eine viel versprechende Zukunft im Ring.

»Ich habe meine Zucht durch Linienzucht gefestigt. Natürlich müssen die Hunde gesund sein, es gilt aber auch: Ein Hund, der nicht den typischen apfelförmigen Schädel und große Augen und Ohren hat, ist kein Chihuahua. Außerdem muss das Temperament der Zuchthunde in Ordnung sein.«

Shirley hat beide Haararten. »Ein Hund muss einfach hübsch sein. Ein Kurzhaarchihuahua muss aber besonders korrekt aufgebaut sein – er hat kein Haar, um Mängel zu kaschieren.«

Shirleys absoluter Liebling war die Langhaarhündin »Miss Beautiful«. Sie zeigte zu Beginn auch deren Bruder, konzentrierte sich sich aber dann auf die Hündin. »Beauty war einfach hinreißend, und mit fünf Jahren brachte ich sie zurück in den Ring. Schon mit sechs wurde sie Champion, und schließlich wurde sie als Veteran Bester Hund einer Ausstellung!«

Derzeit zeigt Shirley drei viel versprechende Hunde – den Langhaar Ormestex Forester und die beiden kurzhaarigen Ormestex Frosty und Victoriana – alle drei mit enormem Erfolg.

»Im Moment hoffe ich ganz einfach das Beste. Vor allem Frosty ist durch und durch Chihuahua, das Ergebnis langjähriger sorgfältiger Zucht. Aber auch im Ring gibt es keine absoluten Garantien!«

Kapitel 8

Gesundheits-maßnahmen

Ein Chihuahua gehört zu den kleinsten Hunden der Welt – er selbst sieht sich jedoch völlig anders! Sein ganzes Auftreten zeigt, dass er sich für riesig hält – er ist zierlich, aber kompakt, fröhlich, freundlich, wachsam und flink in seinen Bewegungen. Das kann manchmal Gefahren bergen! So manche Knochenbrüche waren das Ergebnis davon, dass ein Chihuahua vom Schoß auf den glatten Boden gesprungen war. Befassen wir uns zunächst mit der Vorsorge. Sie beinhaltet mehr als nur dafür zu sorgen, dass Ihr Hund die richtige Impfung zur rechten Zeit erhält.

Gesundheitsvorsorge

Hierzu gehören

- Ein angemessenes Impfprogramm
- Umfassende Untersuchungen auf Parasitenbefall
- Regelmäßige, ausreichende Bewegung zur Vorbeugung vor Fettleibigkeit und anderen gesundheitlichen Risiken (Vorsicht: zu viel ist auch von Übel, vor allem bei jungen Hunden – Verformungen der Gliedmaßen können die Folge sein!)
- Tägliche Pflege: Bürsten und Kämmen – auch beim Kurzhaarchihuahua! – und Kontrolle von Augen, Ohren, Zähnen usw., um größeren Problemen in der Zukunft vorzubeugen.
- Erziehung und Training: Obwohl sie auch ihr Schoßhunddasein genießen, sind Chihuahuas wachsam, flink und energisch und müssen stets geistig gefordert werden. Sie sind sehr intelligent und deshalb äußerst lernfähig. Das Training muss beginnen, sobald Sie Ihren Welpen erworben haben.

Impfungen

Mit einer Impfung soll das Abwehrsystem des Hundes stimuliert werden, aktive Immunität gegen eine oder mehrere Krankheiten zu entwickeln, ohne dass der Hund selbst Krankheitssymptome zeigt. Um dies zu erreichen, müssen die Erreger (Bakterien oder Viren) verändert werden; sie werden entweder abgetötet oder genügend abgeschwächt, damit sie die Krankheit nicht mehr verursachen, sondern nur noch eine wirksame Immunität dagegen erzeugen.

Impfstoffe können dem Körper auf verschiedene Weise zugeführt werden: die Impfung gegen Zwingerhusten erfolgt z.B. üblicherweise durch Nasentropfen. In der Regel wird aber mittels einer Injektion geimpft. Unabhängig von der Methode produziert der Körper eine aktive Immunität, die für eine unterschiedlich lange Zeit anhält (abhängig von der Art des Impfstoffes und der Krankheit, gegen die geimpft wird).

Sind Welpen schon bei der Geburt geschützt?

In der Regel haben die Welpen schon während der Trächtigkeit einen Schutz über das Blut der Mutter mitbekommen, sofern diese ausreichend geimpft war. Dieser passive Schutz lässt aber bald nach, deshalb sind Impfungen nötig. Die Hersteller arbeiten daran, Impfstoffe zu entwickeln, die in möglichst kurzer Zeit einen sicheren Impfschutz bewirken, selbst wenn noch mütterliche Antikörper im Blut des Welpen sind. Die modernen Impfstoffe können schon im Welpenalter von 12 Wochen einen sicheren Schutz bewirken, so dass auch die Sozialisierung und die Erziehung der Welpen schon sehr früh möglich ist, da sie entsprechend früh in die Welt hinaus dürfen.

Welpen erhalten ihre ersten Abwehrkräfte von der Mutter.

Auffrischungsimpfungen

Jeder Impfschutz wird nach einiger Zeit schwächer und muss deshalb rechtzeitig aufgefrischt werden – wann, hängt vom Erreger und von der Art des verwendeten Impfstoffs ab. Im Allgemeinen hält eine Impfung mit abgetöteten Erregern nicht so lange vor wie die mit einem abgeschwächten Lebenderreger.

Moderne Kombinationsimpfstoffe bewirken mit nur einer Injektion einen Schutz gegen mehrere Krankheiten – dies ist eine erfreuliche Vereinfachung, die zudem auch die Kosten senkt. Die einzelnen Komponenten bewirken aber zum Teil einen unterschiedlichen langen Schutz. Der Impfschutz nach einer Leptospirose-Impfung beträgt zum Beispiel maximal ein Jahr. Aus diesem Grund ist die Wirkungsdauer eines jeden Kombinationsimpfstoffs an dem kürzesten darin enthaltenen Impfschutz zu messen. In der Folge empfehlen die Hersteller grundsätzlich eine jährliche Auffrischung, obwohl der Schutz gegen Staupe und Hepatitis deutlich länger anhalten würde.

Besprechen Sie die notwendigen Auffrischungsimpfungen mit Ihrem Tierarzt.

Können Impfreaktionen auftreten?

Diese Frage wird von besorgten Chihuahua-Besitzern häufig gestellt, weil in der Vergangenheit gelegentlich von solchen Fällen berichtet wurde. Die Impfstoffhersteller sind natürlich bemüht, so verträgliche Produkte wie möglich zu produzieren. Um eventuelle Risiken von vorn herein auszuschließen, besteht heute die Möglichkeit, einen Hund »maßgeschneidert« zu impfen, das heißt, seinen individuellen Gegebenheiten angepasst. Dies sollten Sie vor der ersten Impfung vertrauensvoll mit Ihrem Tierarzt besprechen. Grundsätzlich muss aber betont werden: Das Risiko einer Impfreaktion ist verschwindend gering im Verhältnis zu den lebensbedrohenden Risiken von Infektionskrankheiten.

Kann der Immunitätsstatus gemessen werden?

Mit Hilfe von Bluttests kann schon beim Welpen sicher festgestellt werden, wie hoch sein Antikörpertiter ist und ob nachgeimpft werden muss. Die Kosten für einen solchen Test liegen aber in der Regel über denen für eine Auffrischungsimpfung gegen alle Infektionskrankheiten zusammen! Daneben bedeuten Blutentnahmen auch beträchtlichen Stress für den Hund. Der Stich in die Vene ist für den Hund, insbesondere für einen so kleinen wie den Chihuahua, eine wesentlich größere Belastung als eine einfache Injektion unter die Haut, und er ist auch viel schmerzhafter.

Wegen der gewissen Unsicherheit, die hinsichtlich der notwendigen Impfungen, der Zahl der Komponenten, die in einem Kombinationsimpfstoff enthalten sind, und der Wiederholungsimpfungen herrscht, kann man die zur Verfügung stehenden Impfungen in zwei Gruppen einteilen: **Pflichtimpfungen** und **freiwillige Imfungen.**

Pflichtimpfungen sind notwendig zum Schutz vor ernsten, tödlichen oder nur schwer zu behandelnden Infektionen. Dies sind in Europa Staupe, Hepatitis, Leptospirose, Parvovirose und Tollwut. Diese Impfungen sind ein Muss für jeden Hund, und selbst die Gefahr von Impfreaktionen rechtfertigt keine Nachlässigkeit bei diesen Impfungen. Es gibt sicher keinen Tierarzt, der hier zu Konzessionen bereit wäre.

Zu den **freiwilligen Impfungen** zählen solche, die gegeben werden sollten, wenn erhöhte Ansteckungsgefahr besteht. Es stehen auch

Impfstoffe zum Beispiel gegen Zwingerhusten, Coronavirose und Borreliose zur Verfügung; insbesondere die letztgenannte Impfung kann aber Reaktionen hervorrufen. Wann solche Impfungen anzuraten sind, hängt von der Ansteckungsgefahr im Einzelfall ab und sollte unter sorgfältiger Abwägung von Nutzen und Risiken geschehen.

Die Impfung gegen das Bordetella-Virus (ein Auslöser von Zwingerhusten) über Nasentropfen schützt nur für sechs bis neun Monate. Sie empfiehlt sich nur dann, wenn Ihr Chihuahua in eine Hundepension gehen muss oder sonst besonders intensiv mit fremden Hunden in Berührung kommt.

Besprechen Sie das individuelle Impfschema Ihres Hundes schon bei der zweiten Basisimpfung mit Ihrem Tierarzt – diese sollte ca. vier Wochen nach der Erstimpfung beim Züchter stattfinden und ist eine ganz wichtige Vorsorgemaßnahme, ebenso wie die Auffrischungsimpfung nach einem Jahr. Welche Impfungen wie oft gegeben werden müssen, hängt von der Infektionsgefahr und einer möglichen Disposition im Einzelfall ab.

Hundestaupe

Diese Infektionskrankheit hat dank der flächendeckenden Impfungen in den westlichen Ländern weitgehend ihre Schrecken verloren.

Symptome für diese Krankheit sind Fieber, Durchfall, Husten, Ausfluss aus Nase und Augen. Manchmal werden die Ballen hart – diese »Hartballenkrankheit« ist eine spezielle Form der Staupe. Viele der erkrankten Hunde entwickeln nervöse Störungen wie Anfälle, Zuckungen oder Lähmungen.

Dank der konsequenten Impfungen ist Staupe selten geworden. Dies sollte aber nicht zu einem trügerischen Gefühl der Sicherheit führen: Das Virus existiert noch und wartet nur auf die Gelegenheit zum Ausbruch. Vor einigen Jahren geschah genau dies in Finnland: Auf Grund der Nachlässigkeit sank die Immunität in der Hundepopulation, und es kam zu einer ernsten Staupeepidemie.

Hepatitis

Diese ansteckende Leberentzündung kann in schweren Fällen zum plötzlichen Tod führen, bei mild verlaufender Infektion scheint der Hund sich lediglich etwas unwohl zu fühlen. Schwere Fälle gehen meist mit Fieber, geschwollenen Lymphknoten und einer vergrößerten Leber einher.

Während der Heilung können sich die Augen blau färben als Folge einer Hornhautschwellung. Der Hund sieht aus wie erblindet. Obwohl das zunächst sehr besorgniserregend aussieht, geht die Trübung oft problemlos zurück.

Parvovirose

Sie wird von einem besonders hartnäckigen Virus hervorgerufen, das in der Umwelt äußerst lange überleben kann. In den 80er Jahren hat die Krankheit in Europa und Nordamerika epidemische Ausmaße erreicht. Die Hauptanzeichen sind Erbrechen und blutiger Durchfall.

Die schnelle Entwicklung sicherer, wirksamer Impfstoffe hat die Krankheit in den westlichen

In Europa müssen alle Hunde gegen Tollwut geimpft sein.

Ländern schnell unter Kontrolle gebracht; in manchen anderen Teilen der Welt ist sie noch eine ernste Bedrohung.

Tollwut

Die Tollwutimpfung ist in vielen Ländern Pflicht und wird für den Grenzübertritt von einem Land in das andere verlangt, wobei die Impfung bereits vier Wochen zurückliegen muss, wenn es sich nicht um eine Wiederholungsimpfung innerhalb von 12 Monaten handelt. Das Virus wird durch die Bisse infizierter Tiere, wie z.B. Füchse und Ratten, übertragen.

Parainfluenza-Virus

Dieses Virus ist einer der Verursacher des so genannten Zwingerhustens (eine ansteckende Erkrankung der Atemwege, die aber auch durch Bordetella-Bakterien hervorgerufen werden kann).

In etlichen Kombinationsimpfstoffen ist auch die Impfung gegen durch dieses Virus bedingten Zwingerhusten enthalten. Die Hersteller empfehlen eine jährliche Auffrischungsimpfung und ggf. eine frühere, wenn der Hund z.B. durch regelmäßige Ausstellungsbesuche oder die Teilnahme an Gruppentraining einem erhöhten Risiko ausgesetzt wird.

Ebenso wie die Bordetelliose ist die Krankheit außer bei sehr jungen und sehr alten Hunden in der Regel nicht lebensbedrohend. Ein Anzeichen ist hartnäckiger Husten. Die Krankheit ist auch nach Abklingen der Symptome noch ansteckend.

Bordetelliose

Zwingerhusten, Tracheitis, Tracheobronchitis – viele Namen für diese Krankheit, die sich in Windeseile ausbreitet, wenn mehrere Hunde auf engem Raum zusammenkommen.

Chihuahuas mit Tracheitis sind ein Bild des Jammers. Sie husten bis zu drei Wochen ununterbrochen, in der Regel ohne dabei besonders krank zu wirken. Neuere Forschungen haben jedoch ergeben, dass es Bordetellastämme gibt, die ernste Erkrankungen bis hin zur Lungenentzündung hervorrufen können. Anders als bei der Parainfluenza ist die Impfung gegen Bordetelliose nicht in den Mehrfachimpfstoffen enthalten.

Sie wird mittels Nasentropfen verabreicht, die sich als wirksamer erwiesen haben als die herkömmlichen Injektionen.

Leptospirose

Die Leptospirose ist eine durch verschiedene Bakterien bedingte Infektion, die mit den Symptomen Durchfall, Leberentzündung, manchmal auch mit Lähmungserscheinungen einhergeht. Seit einiger Zeit gibt es Erregertypen, die auch auf den Menschen übertragbar sind; deshalb ist die Leptospiroseimpfung nach wie vor empfehlenswert. Die Leptospiroseerreger befinden sich hauptsächlich in stehenden Gewässern; deshalb müssen vor allem Hunde, die regelmäßig Kontakt zu solchen Gewässern haben (sei es, dass sie einfach gern hineingehen und davon trinken, oder auch zur Wasserjagd eingesetzt werden), konsequent geimpft werden. Da der Leptospirose-Impfstoff aus abgetöteten Erregern besteht, bewirkt er in den Kombinationsimpfstoffen den kürzesten Schutz. Besprechen Sie mit dem Tierarzt, ob er diese Impfung für Ihren Hund empfiehlt und ob sie nicht getrennt von den übrigen gegeben werden sollte.

CORONAVIRUS DES HUNDES

Dieses Virus bedingt vor allem bei Welpen starke Durchfälle. In der Regel werden Welpen in gutem Allgemeinzustand hiermit problemlos fertig; bei Welpen, die z.B. durch mangelhafte Aufzucht ohnehin geschwächt sind, kann die Erkrankung ernste Folgen haben. Auch gegen dieses Virus kann man impfen.

Borreliose (Lyme-Krankheit)

Überträger dieser bakteriellen Erreger sind Zecken, die durch ihren Biss Hunde und Menschen infizieren können. Früher gab es die Erreger lediglich in südlichen Ländern, heute findet man sie als Folge unbegrenzter Reisemöglichkeiten mit und ohne Hund überall. Die Krankheit äußert sich in akuter Arthritis, Fieber und führt zu Herz-, Nieren- und neurologischen Störungen. Schon seit längerer Zeit gibt es Schutzimpfungen für Menschen, seit neuerem stehen auch für Hunde Impfstoffe gegen Borreliose zur Verfügung.

Parasiten

Die Bekämpfung von Parasiten ist ein wesentlicher Teil der Gesundheitsvorsorge jedes Hundes, ganz gleich, wie groß er ist und wie er lebt. Man kann die Parasiten grob einteilen in

- **Ektoparasiten,** die auf oder in der Haut des Wirtstiers leben; hierzu gehören Flöhe, Läuse, Zecken und Milben, und
- **Endoparasiten,** die in ihrem Wirtstier leben. Die bekanntesten sind Würmer, aber genau so beachtenswert, wenn auch nicht so verbreitet, sind Kokkzidien und auch Giardia lamblia, die beide Durchfälle hervorrufen.

Flöhe

Sie sind sicherlich die bekanntesten Ektoparasiten des Hundes. Es gibt sie überall, und jeder Chihuahua kann sie aus seiner Umgebung oder durch Kontakt mit anderen Tieren aufnehmen.

Manche Hunde zeigen trotz starken Flohbefalls keine Hautveränderungen, andere zeigen

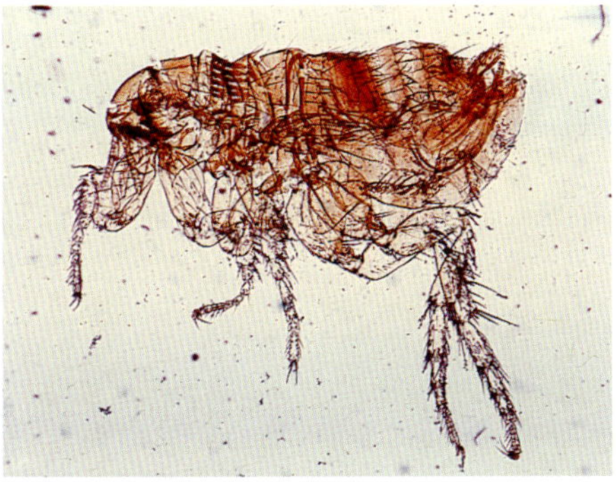

Der Hundefloh – Ctenocephalides canis.

typische Symptome einer Flohallergie, auch ohne dass man einen Floh findet! Dies ist die Folge einer individuellen Hypersensibilität gegenüber Flohspeichel. Eine solche Überempfindlichkeit ist bei Chihuahuas nicht gerade typisch, dennoch kann sie auftreten. Sie zeigt sich in starkem Juckreiz mit beträchtlichem Haarausfall.

Flöhe sind nicht wirtsspezifisch; Überträger können Katzen, Igel und viele andere Tiere sein, und sie können auch den Menschen befallen.

Eine wirksame Flohbekämpfung muss sich gegen die ausgewachsenen Flöhe auf dem Hund und gegen die in unreifen Entwicklungsstadien befindlichen Flöhe überall im Haus richten. Flöhe benötigen Blutmahlzeiten, um ihren Lebenszyklus fortsetzen zu können. Der erwachsene Floh legt seine Eier in das Fell des Hundes, die von diesem abfallen und sich bei entsprechender Raumtemperatur und Luftfeuchtigkeit im Teppich oder in Ritzen des Fußbodens zu Flohlarven entwickeln.

Dies kann auch außerhalb des Hauses geschehen – wenn nur Temperatur und Feuchtigkeit stimmen.

Unter idealen Bedingungen kann der Lebenszyklus des Flohs schon nach drei Wochen abgeschlossen sein. Und ein Floh kann ohne jede Mahlzeit länger als ein Jahr überleben! Deshalb kann man sogar von einem Floh gebissen werden, wenn man ein schon seit langem vollkommen leer stehendes Haus betritt.

Die Flohbekämpfung

Als besonders wirkungsvoll bei Hunden haben sich Flohsprays und Präparate zum Auftragen auf eine bestimmte Stelle der Haut mit Langzeitwirkung erwiesen.

Beide bekämpfen aber nur die ausgewachsenen Flöhe, die nur 5 % der Flohpopulation ausmachen; die Bekämpfung der übrigen 95 % (in unreifen Entwicklungsstadien) ist ungleich schwieriger. Nur wenige Insektizide zur Behandlung der Umgebung zeigen hiergegen Wirkung, deshalb müssen solche mit Langzeitwirkung zum Einsatz kommen, die jeden Floh abtöten, sobald er das Entwicklungsstadium verlassen hat. Gründliches Staubsaugen entfernt zudem einen Großteil der Flohlarven.

Es gibt oral zu verabreichende Mittel, die von den Flöhen aufgenommen werden, sobald sie den Hund beißen, und die den Lebenszyklus der Flöhe stoppen. Es gibt auch insektizid wirkende Shampoos, mit denen man den Hund baden kann, wenn ein Floh entdeckt worden ist. Solche Bäder haben aber keine vorbeugende Langzeitwirkung und sollten nur in Kombination mit anderen Methoden angewandt werden.

Vor allem manche kleinen Hunde mögen Flohsprays nicht – sowohl der Geruch als auch

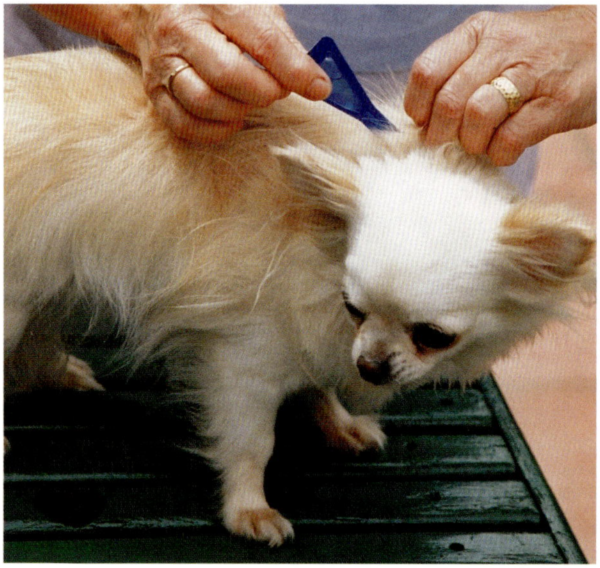

Flohbekämpfung kann mit Ungezieferspray (links) oder durch eine aus einer Ampulle auf die Haut aufzutragende Flüssigkeit (rechts) erfolgen.

das Sprühgeräusch sind zu unangenehm. Die oben genannten Flüssigpräparate zum Auftragen auf die Haut sind für sie besser geeignet. Die für den Floh tödliche Chemikalie breitet sich in der unsichtbaren Fettschicht auf der Haut des Hundes aus, und nach 24 Stunden hat der Hund einen vollständigen Schutz gegen Flöhe, der bis zu zwei Monate anhält.

Um an das Blut des Hundes zu gelangen, muss der Floh die Fettschicht durchdringen. Hierbei nimmt er das Gift auf und stirbt. Die Wirkung des Mittels wird auch nicht durch Nässe oder Baden beeinträchtigt. Dennoch empfehlen die Hersteller, die Flüssigkeit alle 30 oder 60 Tage aufzutragen, damit ein ununterbrochener Schutz gewährleistet ist.

Läuse

Sie sind in der Regel bei Chihuahuas kein großes Problem. Läuse werden durch direkten Kontakt übertragen, und ihr ganzer Lebenszyklus spielt sich – anders als bei Flöhen – auf dem Wirtstier ab. Die Nissen kleben an den Hundehaaren. Läusebefall zeigt sich besonders an Kopf und Ohren und geht mit heftigem Juckreiz einher. Er wird wirksam durch das Baden mit Ungeziefer-Shampoo bekämpft. Da Läuse nur durch sehr engen Kontakt übertragen werden, sind häufig Welpen und ältere Hunde aus Massenzuchten mit Haltung auf engem Raum betroffen.

Zecken

Zecken können verschiedene Krankheiten übertragen, darunter die Lyme-Borreliose und die Babesiose. Diese Erkrankungen treten nicht mehr nur in den wärmeren Ländern auf, durch die immer grenzenlosere Reisetätigkeit auch mit

Hunden sind heute die Erreger fast überall präsent. Viele Mittel für die Floh- und Lausbekämpfung sind auch gegen Zecken wirksam. Ihr Tierarzt berät Sie.

Cheyletiella-Milben

Diese Milben sind mit bloßem Auge zu erkennen; sie sehen wie bewegliche kleine weiße Flecken aus und werden deshalb auch »wandernde Schuppen« genannt. Häufig sind Welpen aus Massenzuchten oder aus schlechter Aufzucht befallen.

Diese Milben sind auf den Menschen übertragbar und führen zu starken Hautirritationen, insbesondere bei Kindern. In Massenzwingern wird die Milbe von erwachsenen Hunden übertragen, die selbst keine Anzeichen einer Erkrankung aufweisen müssen. Die Behandlung mit einem der vorgenannten anti-parasitären Mittel führt in der Regel sofort zur Heilung. Sicherheitshalber sollten alle Tiere eines Haushalts mitbehandelt werden.

Herbstgrasmilben

Dies sind die Larven von Milben, die in zerfallendem organischem Material leben. Sie sind rot und gerade noch mit bloßem Auge zu erkennen. Hunde können sie aufnehmen, wenn sie in Feld und Wald ausgeführt werden, vor allem auf kalkhaltigem Boden. Kopf, Fang und Pfoten werden befallen. Alle gewöhnlichen Sprays und Bäder gegen Parasiten wirken, müssen aber immer wieder angewandt werden, wenn Sie in einem stark verseuchten Gebiet leben. Das Problem tritt vor allem im Herbst auf.

Räude

ist eine durch Milben verursachte Hauterkrankung. Zwei Arten von Milben führen zu Räudeerkrankung: **Demodex-** und **Sarkoptes-Milben.** Nach meiner Erfahrung sind Chihuahuas nicht besonders prädestiniert.

Demodikose

Die Milben leben in den Haarfollikeln und den Talgdrüsen fast aller Hunde; sie werden nur dann zum Problem, wenn die Immunabwehr eines Hundes aus irgendeinem Grund herabgesetzt ist. Deshalb ist Demodikose auch nicht ansteckend wie die Sarkoptes-Räude. Wenn sich die Milbe stark vermehrt, kommt es zu Entzündungen und Haarausfall und bakteriellen Sekundärinfektionen. Früher war Demodikose nur schwer heilbar; heute gibt es Medikamente, die relativ wirksam sind.

Sarkoptes-Räude

Diese Räudeform überträgt sich auf den Menschen und ist bei diesem als »Krätze« bekannt; besonders Kinder sind gefährdet, bei denen sich stark juckende Flecken an Armen und Körper bilden, wenn sie einen befallenen Hund im Arm gehalten haben. Sarkoptesmilben sind manchmal erst nach mehreren Hautgeschabsel-Untersuchungen nachweisbar, können aber recht effektiv behandelt werden.

Endoparasiten

Es gibt mehrere Arten von Endoparasiten, aber vermutlich wird Ihr Chihuahua, wenn überhaupt, nur mit Würmern zu tun haben. Deshalb gehe ich im Folgenden hauptsächlich auf die verschiedenen Wurmarten ein.

Rundwürmer oder Nematoden

Die häufigsten Rundwürmer sind Spulwürmer, die bis vor einiger Zeit bei Welpen als allgegenwärtig angesehen wurden. Genauere Kenntnisse über die Entwicklungsstadien dieser Würmer und die Entwicklung moderner Medikamente haben heute zu einem enormen Rückgang verwurmter Welpen und erwachsener Hunde geführt.

Am meisten verbreitet ist der große, weiße, 7 bis 15 cm lange Wurm »Toxocara Canis«. Der Entwicklungszyklus ist komplex. Welpen können diese Würmer schon vor der Geburt von ihrer Mutter bekommen haben. Und stellen Sie sich vor: Dieser Wurm hat im Bauch eines Chihuahuas genau die gleiche Länge wie im Darm einer Deutschen Dogge!

Spulwurmlarven können im Gewebe erwachsener Hunde unendlich lange ruhen. Während der Trächtigkeit werden sie auf Grund des hormonellen Einflusses in der Hündin aktiv und wandern über die Plazenta in die Welpen, in deren Dünndarm sie sich weiterentwickeln. Auch über die Muttermilch können Larven übertragen werden.

Es sind viele sichere, wirksame Wurmpräparate auf dem Markt. Es gibt sie in Pastenform, als Flüssigkeit und als Tabletten. Etliche Präparate sind auch für Welpen ab 10 bis 14 Tagen unschädlich – das ist das früheste Alter, in dem die von der Mutter erworbenen Würmer bekämpft werden können. Es gibt frei verkäufliche

Regelmäßige Entwurmung ist bei jungen Hunden ein Muss.

Entwurmungsmittel; besser ist es aber, sich vom Tierarzt das richtige Medikament und entsprechende Beratung geben zu lassen. Welpen sollten schon ab dem genannten Alter von zwei Wochen regelmäßig entwurmt werden, insbesondere vor der ersten Impfung müssen die Welpen wurmfrei sein. Auch später sollten Sie Ihren Chihuahua regelmäßig entwurmen, insbesondere, wenn Sie und Ihre Kinder in sehr engem Kontakt mit dem Hund leben. Wenn Sie unsicher sind, lassen Sie regelmäßig eine Kotprobe vom Tierarzt untersuchen. Chronischer Wurmbefall führt auf lange Sicht zu einer Verschlechterung des Allgemeinbefindens und zu größerer Krankheitsanfälligkeit Ihres Hundes.

Bandwürmer oder Zestoden

Bandwürmer sind ebenfalls bei Hunden nicht selten. Sie unterscheiden sich von den Rundwürmern insofern, als sie nicht von Hund zu Hund direkt übertragen werden, sondern einen Zwischenwirt brauchen. Je nach Bandwurmtyp können dies Flöhe, Schafe, Pferde, Nagetiere und manchmal auch Menschen sein.

Am häufigsten ist der gurkenkernförmige Hundebandwurm (Dipylidium caninum). Er wird bis zu 50 cm lang und benutzt den Floh als Zwischenwirt. Die Würmer leben im Darm der Hunde und werfen von ihrem Ende Glieder ab, die wie Reiskörner aussehen, Wurmeier

Ein von einem erwachsenen Hund ausgeschiedener Bandwurm (die Münze daneben gibt einen Eindruck von seiner Länge).

enthalten und mit dem Hundekot ausgeschieden werden. Flohlarven nehmen diese mikroskopisch kleinen Wurmeier auf, die sich mit dem Floh entwickeln. Wenn der reife Floh von einem Hund verschluckt wird, nimmt dieser die Wurmeier auf, und der Lebenszyklus des Bandwurms hat sich geschlossen.

Auch Bandwurm-Präparate sind in großer Zahl erhältlich. Da aber eine Bandwurmbekämpfung nur mit einer gleichzeitigen intensiven Flohbekämpfung auf Dauer erfolgreich sein kann, ist es ratsam, den Tierarzt zu Rate zu ziehen.

Bei großen Hunden, die vorwiegend draußen leben, kommen auch andere Bandwurmarten vor, die Hasen, Kaninchen oder andere Wildtiere als Zwischenwirt haben.

Erwähnt werden müssen noch die Bandwürmer der Art Echinococcus, da sie für Menschen gefährlich werden können. Hunde nehmen die Finnen dieser Bandwürmer in der Regel mit rohem, befallenem Fleisch auf.

Für Ihren Chihuahua besteht insofern nur ein geringes Risiko. Die Finnen verursachen beim Menschen Zysten und Wucherungen in Lunge, Leber und anderen Organen, was zu schweren Schädigungen und im Einzelfall sogar zum Tod führen kann. Beim geringsten Verdacht muss eine Kotuntersuchung stattfinden. Es existieren heute hochwirksame Medikamente, die selbst bei einmaliger Gabe Bandwürmer sicher bekämpfen.

Herzwürmer

In zahlreichen wärmeren Teilen der Erde kommen gehäuft Herzwürmer (Dirofilaria immitis) vor, die zum Tod des Hundes führen können.

Über Mücken- und Moskitostiche gelangen die Herzwurmlarven in den Blutkreislauf und schließlich in das Herz des Hundes. Hier setzen sie sich fest und blockieren und verstopfen das Herz – mit tödlichen Folgen.

Auch gegen diesen Wurm gibt es hochwirksame Medikamente. Sollten Sie mit Ihrem

Hund in eine gefährdete Gegend reisen, sollten Sie das Problem unbedingt vorher mit Ihrem Tierarzt durchsprechen.

Andere Wurmarten

Hakenwürmer und Peitschenwürmer gehören ebenfalls zu den Rundwürmern. Sie verursachen auf lange Sicht eine schlechte allgemeine Kondition, bei starkem Befall sogar Anämie und Dysenterie (eine je nach Stärke des Befalls und Allgemeinzustand des Hundes mehr oder weniger schwer verlaufende Dickdarmentzündung). Diese Würmer werden mit den üblichen Präparaten, die schon im frühesten Welpenalter gegen Spulwürmer eingesetzt werden, ebenfalls wirksam bekämpft.

Kokkzidien und Giardia lamblia

Diese mikroskopisch kleinen einzelligen Endoparasiten verursachen Durchfälle, besonders bei Welpen. Beide sind problemlos zu behandeln, und Hunde, deren Allgemeinzustand gut ist, werden leicht mit einer solchen Infektion fertig. Obwohl auch Menschen von beiden Parasitenarten befallen werden können, gibt es keine gesicherten Hinweise darauf, dass die Erkrankung von Hunden oder Katzen auf den Menschen übertragen werden kann. Eine einfache Stuhluntersuchung erbringt im Verdachtsfall den sicheren Nachweis.

Verantwortungsbewusste Hundeliebhaber informieren sich über Erste-Hilfe-Maßnahmen beim Hund.

Erste Hilfe im Notfall

Besonders bei kleinen Hunden können die verschiedensten Notfälle eintreten: Bisse, Verbrennungen, Knochenbrüche, Hitzschlag, Insektenstiche, Vergiftungen und Verbrühungen, um nur einige zu nennen. All dies ohne Vorwarnung!

In allen Fällen muss erste Hilfe geleistet werden, die den Zweck hat, Leben zu erhalten, Schmerzen zu lindern, das Risiko von bleibenden Schäden zu minimieren und weitergehende Verletzungen zu verhindern.

Erste-Hilfe-Maßnahmen

Ganz gleich, was geschehen ist: Es gibt einige Regeln, die grundsätzlich zu beachten sind.

- Bleiben Sie ruhig, geraten Sie nicht in Panik.
- Holen Sie Hilfe, wenn irdendwie möglich.
- Rufen Sie den Tierarzt an, erklären Sie ihm, was geschehen ist, befolgen Sie genau seine Anweisungen.
- Bei jedem Verdacht auf innere Verletzungen versuchen Sie, das Opfer so ruhig wie möglich zu halten. Ein Hund von Chihuahua-Größe passt gut in einen Karton oder sonst einen behelfsmäßigen Behälter, in dem er

sicher verwahrt ist. Dann muss er so schnell wie möglich zum Tierarzt gebracht werden.

- Fahren Sie dennoch vorsichtig, und beachten Sie die Geschwindigkeitsbeschränkungen!

Manchmal müssen Sie aber auch direkt am Unfallort selbst erste Hilfe leisten. Gehen Sie dabei systematisch vor; überprüfen Sie stets zuallererst die drei nachfolgend genannten Funktionen:

1. Stellen Sie durch sorgfältige Kontrolle von Schnauze und Kehle sicher, dass nichts die freie Zufuhr der Atemluft zu den Lungen behindert.
2. Überprüfen Sie, ob Anzeichen für eine normale Atmung erkennbar sind.
3. Stellen Sie durch Fühlen des Pulses fest, ob das Herz schlägt.

Wenn der Hund beispielsweise röchelt, weil irgendetwas in seinem Fang oder im Hals steckt, versuchen Sie zuallererst, es zu entfernen. Seien Sie vorsichtig! Ihr sonst so sanfter Liebling hat in diesem Moment Todesangst, deshalb benutzen Sie irgendetwas als Maulsperre, weil Sie sonst Gefahr laufen, gebissen zu werden.

Wenn die Atemwege frei sind, kontrollieren Sie, ob er atmet. Legen Sie Ihre Hand direkt hinter den Vorderläufen um seinen Brustkorb, dort können Sie den Herzschlag fühlen. Bewegt sich der Brustkorb? Fehlt beides, können künstliche Beatmung und Herzmassage bei einem Hund von Chihuahuagröße leicht kombiniert werden. Das Herz befindet sich im unteren Teil des Brustkorbs auf Ellenbogenhöhe. Legen Sie Ihre Finger auf die eine Seite des Brustbeins, den Daumen auf die andere und beginnen Sie, sanft im Rhythmus von 20 bis 25 mal pro Minute Druckimpulse zu geben; dies stimuliert das Herz und pumpt gleichzeitig Luft in die Lunge. Alle zehnmal sollten Sie den Puls und die Atmung kontrollieren. Wenn Sie den Herzschlag aktiviert haben, machen Sie noch einige Minuten so weiter. Sie haben die Herz-Lungen-Funktion wiederbelebt!

Sehen Sie sich die Schleimhäute im Fangbereich an. Zu Beginn Ihrer Wiederbelebungsversuche waren sie weiß oder aschgrau, nun sollten sie zumindest leicht rosa sein. Es kann sehr lange dauern, bis die Farbe zurückgekehrt ist, denn der Hund befindet sich in einem Schockzustand.

Schock

Was ist das? Es ist ein Zustand, in dem der empfindliche Flüssigkeitshaushalt des Körpers aus dem Gleichgewicht geraten ist und geht stets mit einem ernsten Blutdruckabfall einher. Mögliche Ursachen sind schwere Blutungen, Herzschwäche, Hitzschlag oder akute allergische Reaktionen, z.B. Insektenstiche.

Anzeichen für einen Schock sind u.a.:

- Sehr schnelle Atmung
- Rasender Herzschlag
- Blasse Schleimhäute an Gaumen, Lefzen und Bindehäuten
- Manchmal Erbrechen
- Schwer depressiver Zustand
- Kalte Extremitäten wie Gliedmaßen, Ohren etc.

Als wichtigste Maßnahme bei Schock müssen Sie den Hund warm halten, aber führen Sie nicht zu viel Hitze von außen zu. Wickeln Sie den Hund in Decken, Zeitungen, Kleidung ein – was gerade zur Hand ist – und bringen Sie ihn schleunigst zum Tierarzt.

Im Rest dieses Kapitels zeige ich kurz die Erste-Hilfe-Maßnahmen auf, die besonders beim Chihuahua nötig werden könnten. Die Liste ist unvollständig, kann aber vielleicht auch in anderen Notfallsituationen hilfreich sein.

Blutungen

Starke Blutungen können bei einem Chihuahua die Folge von herausgerissenen Krallen sein, mit denen er irgendwo hängengeblieben ist, weil sie zu lang waren.

Solche Verletzungen und auch Schnitte an Ballen und Läufen müssen fest mit sauberem Verbandszeug bandagiert werden; ein übergezogener Plastikbeutel ist ein guter Schutz vor Nässe und Schmutz.

Blutungen an Körper und Kopf können nicht so leicht gestoppt werden. Hier haben sich feuchtkalte Kompressen als wirksam erwiesen, die fest auf die Verletzung gedrückt werden.

Verbrennungen und Verbrühungen

Sie passieren nur zu leicht, wenn Ihr flinker Chihuahua Ihnen beim Kochen in die Quere kommt oder die Tasse heißen Tees umwirft.

Zunächst kühlen Sie die verbrannte Stelle so schnell wie möglich unter kaltem Wasser. Ist die Haut z.B. durch Abflußreiniger oder Bleichmittel verätzt, waschen Sie so viel wie möglich mit klarem Wasser ab. Halten Sie die Stelle feucht und suchen Sie den Tierarzt auf!

Chihuahuas haben große Augen, die ein erhöhtes Verletzungsrisiko mit sich bringen.

Augenverletzungen

Die großen Augen eines Chihuahuas sind verletzungsempfindlich; Kratzer von Ästen und Zweigen oder auch Katzenkrallen sind nicht selten. Auch Fremdkörper kommen vor!

Reinigen Sie das Auge mit einem mit kaltem Wasser oder Salzlösung (Flüssigkeit für Kontaktlinsen!) getränkten Wattepad. Falls das Auge verletzt aussieht oder blutet, bedecken Sie es mit einem feuchten Wattebausch, und bringen Sie den Hund zum Tierarzt.

Hitzschlag

Bei schwül-heißem Wetter in schlecht belüfteten Räumen oder im Auto auch ohne direkte Sonneneinstrahlung durchaus nicht selten!

Erste Anzeichen sind heftiges Keuchen mit offensichtlicher Atemnot. Koma und Tod des Hundes können sehr schnell die Folge sein.

Senken Sie seine Körpertemperatur durch ein Bad in kaltem Wasser, legen Sie Eis auf den